【文庫クセジュ】

解釈学

ジャン・グロンダン著
末松壽／佐藤正年訳

白水社

わが父故ピエール・グロンダン医師に捧ぐ

目次

序論　解釈学とは何であり得るか

現代における相対主義のコイネーか

しばらく前、ジャン・ブリックモンとアラン・ソーカルは、彼らによれば人文諸学にしばしばのさばっているペテンを告発するために、一つの悪ふざけをたくらんだ。戯言《たわごと》をしこたま入れ込んだ記事をアメリカの雑誌『ソーシャル・テキスト』に提出したのである。そのタイトルは、すべての文化的ないし学術的産物は単なる「社会的テクスト」として、したがってイデオロギーの解釈もしくは構築と見なされ得ることをいくぶん示唆している。記事は、量子物理学は客観性を自負しているにもかかわらず、それ自体一つの社会的な構築物に他ならないことを証明しようと意図していた。アインシュタインのいくつもの方程式にとどまらず、「脱構築」の最も卓越した巨匠たち（ラカンやデリダを含む）への参照だらけの記事は、受理され発表された。著者たちはただちにそれがインチキであることを公表し、それがフランスでは多大の波紋を投げかけた。(1)

この論争がここで筆者の出発点として役立つとしたら、「解釈学」という術語が、雑誌に寄せられた記事のタイトルの中に現れていたからに他ならない。すなわち「諸々の境界を侵犯する——量子引力の変換解釈学に向けて」である。ご安心いただきたい。「変換解釈学」という専門家たちの業界言語を用いたかのごとき思想は決して、それほど明確なものを指示しているわけではない。けれども著者たちは解釈学という術語を引合いに出すことによって、「ポストモデルヌ」にして相対主義的な現代思想を記述するために使われることのある流行語を採りあげていたのである。この現代思想こそ、ブリックモンとソーカルが告発しようとした思想そのものであった。

というのも、まさに解釈学という術語の可能な意味の一つは、すべては解釈の問題であるがゆえに真理の存在しない知と文化の空間を指し示すことにあるからである。この解釈の支配の普遍性は、その最初の表現をニーチェ［一八四四—一九〇〇年］の電撃的な言葉「事実なるものは存在しない。存在するのは解釈だけだ」(2)に見出した。この相対主義的な解釈学についてヂャンニ・ヴァッティモは、それが現代のコイネー、[*1] つまり共通言語であると言うことができたのである(3)。

けれども、本書で絶えずご想起いただくことになるように、この考え方は解釈学がそうありたいと常に望んできたもの、すなわち解釈の領域における真理の教説にとって対蹠点にある。じっさい、古典的な解釈学は、解釈にかかわる諸々の学科における恣意性や主観主義と戦うために様々の規則を提案していたのである。したがって、恣意性と相対主義に献身する解釈学などというものは、勘違いの最たるものを体現している。にもかかわらず、この古典的な考え方から「ポストモデルヌ」の解釈学に至る経路には論理が無いわけではない。それは解釈の領域の確かな拡大に相伴っている。けれども、それが必然的にポストモデルヌの相対主義へ導くかどうかは定かではない。

「解釈学」の可能な三大語義

言葉の最も狭く最も慣用的な意味において、解釈学は今日、ハンス＝ゲオルク・ガダマー（一九〇〇―二〇〇二年）やポール・リクール（一九一三―二〇〇五年）のような著作家たちの思想を性格づけるのに使われている。彼らは、我々の世界経験の歴史的かつ言語的な本性を強調するところの、解釈と人文諸学についての普遍的な哲学を発展させた。それらの思想は下流において、二十世紀後半に道標をつけた数々の大きな知的討論（構造主義、イデオロギー批判、脱構築、ポストモデルニスム）の演じた大きな役割を目立たせた。したがってそれらの受容もまた現代の解釈学思想と呼び得るものに属している。上流において、ガダマー、リクールおよび彼らの後継者たちの思想は、解釈学のもっと旧い伝統をしばしば引合いに出していて、そこでは解釈学はまだ普遍的な解釈の哲学を指しておらず、諸々のテクストを正しく解釈する技を指していたにすぎない。けれども、このより旧い考え方はもっと新しい解釈学によって依然として前提とされ議論され続けているので、解釈学を全体として紹介するときにはこれを考慮に入れなければならない。こうして解釈学の可能な三つの大きな語義を識別することができるのであって、それらは歴史の流れに沿って相次いで現れたのだが、解釈学の任務についての完全な資格を備えた、きわめて今日的で擁護し得る理解であることに変わりはない。

一、言葉の古典的な意味において、解釈学はかつて「諸々のテクストを解釈する技」を指していた。その技はとりわけ、神聖なあるいは規範的な文献の解釈にかかわる諸学科のただ中で発展した。つまり神学（これは「聖なる（sacra）解釈学」を練上げた）、法学（「法の（juris）解釈学」）および文献学《フィロロジー》（「世俗的（profana）解釈学」）である。解釈学は当時、解釈の実践を助けにくるという意味で補助的な機能を享受していた。解釈の実践は、曖昧な（ambigua）あるいはショッキングな件《くだり》を相手にするときに殊に解釈学の助けを必要としたのである。それは本質的に規範としての目標をもっていた。つまり諸々のテクストを正しく解釈することを可能にする規則、教えないし典範を提案していたのである。それらの規則の大部分は、（文法学および弁証学とともに）三学科（trivium）を成す基礎的な学の一つである修辞学から借用されていて、その中には解釈する技についての解釈学的な考察がしばしば見出されていた。それは、例えばクインティリアーヌス（三〇年頃—一〇〇年頃）およびアウグスティーヌス（三五四—四三〇年）の場合である。前者はその『弁論家の育成』（I,9）において「説明」［エクセーゲーシス、エーナラーシオ」を論じているし、ことに後者はその『キリスト教の教え』（*La doctrine chrétienne*）（三九六―四二六年）の論考においてテクスト解釈のための様々な規則を集めている。[4] 同書は解釈学の歴史全体に痕跡を残した。この伝統はプロテスタンティズムにおいて重要な復興を見せ、大部分はメランヒトン（一四九七―一五六〇年）の『修辞学』（一五一九年）にその想を汲むいくつもの解釈学論が生まれた。解釈学をもって解釈を実践する諸学における補助的で規範的な学科とするこの伝統は、フリードリッヒ・シュライエルマッハー（一七六八―一八三四年）まで維持された。彼が依然としてこの伝統に属しているとしても、彼のもっと普遍的な解釈学の構想は、わけてもウィルヘルム・ディルタイ（一八三三―一九一一年）が創始することになる解釈学の第二の考え方を予告している。

二、ディルタイは解釈学のより古典的な伝統をよく知っていて常にそれを前提としつつも、新たな任務でそれを充実させる。解釈学が理解にかかわる諸学の規則と方法とに関心を寄せるのであれば、それはすべての人文学（文学、歴史学、神学、哲学、および今日いわゆる「社会科学」）に方法論上の基礎として役立ち得るのではあるまいか。そのとき解釈学は、人文諸学の真理への自負およびそれらの学問としての身分についての方法論的な考察となる。この考察は十九世紀に純粋諸科学が知った飛躍的発展を背景として立ち現れる。その成功は広くこれら科学の方法の厳密さに帰せられるのだが、それに照らせば人文諸学にはかなり欠陥があると思われるのである。人文諸学が尊敬に値する学問となることを望むのであれば、それを明るみに出す責任は解釈学にかかっているところの方法論に依拠すべきなのである。

三、第三の大きな考え方は、方法論としての解釈学のこの［第二の］理解に対する反動で、かなり広い視野をもつものとして生まれた。それは解釈の普遍的な哲学という形をとる。（晩年のディルタイにおいて予示されている）その根本思想は、理解と解釈は人が人文諸学で出合う方法であるばかりか、人生そのものの最中《さなか》に見出される根本的な過程でもあるという点に存する。そのとき解釈はますます、我々が世界内に在ることの本質的な特徴として現れる。この解釈の意味の拡大のおかげで、解釈学は二十世紀において昇進を果すことになった。その点では二人の代父を引合いに出すことができる。すなわちまずニーチェとその解釈に関する普遍的な哲学のうちに一人の匿名の代父を見よう（匿名の、というのも彼は解釈学というものをさほど論じなかったのだから）。またハイデガーはもう一人のもっと公然の代父である。たとえこの哲学者が解釈学のきわめて特殊な考え方を擁護し、古典的で方法論的な解釈学と断絶しているとしても。彼にとっては、そもそも解釈学がかかわるのはテクストではなく実存そのものであって、それは様々の解釈ですでに練りに練られているが、解釈学によって明るみへと引出されうるのである。それゆえ解釈学は、それ自身に覚醒すべく呼ばれている実存についての哲学に仕えさせられるのである。我々はここにおいて、「テクストの解釈学」から「実存の解釈学」へと移行する。

現代の解釈学の重要な代表者たちの大部分（ガダマー、リクールおよび彼らの後継者たち）はハイデガーの軌跡のうちに位置づけられるが、必ずしもその実存哲学の「直接的な道」をたどったわけではない。むしろ、ハイデガーによって多かれ少なかれ置き去りにされた人文諸学との対話を再開することを選んだ。こうして彼らは、シュライエルマッハーやディルタイの伝統との関係を取りもどした。けれども、解釈学にはまず方法論としての機能が付与されているという思想には同意しなかった。彼らの意図はむしろ、排他的に方法論的なパラダイムを切り離して、人間における理解の言語的かつ歴史的な側面をもっと正当に評価するようなさらに優れた人文諸学の解釈学を発展させることにある。この解釈学は理解の普遍的な哲学という形と結びつくことによって、最終的には人文諸学についての考察の場を離れて、一つの普遍的な主張を掲げるに至るのである。本書において、この普遍性はいくつもの形をまとうのが見られるであろう。

第一章　解釈学の古典的な考え方

「解釈学」（hermeneutica）という用語が日の目を見たのは十七世紀、ストラスブールの神学者ヨーハン・コンラッド・ダンハウアー［一六〇三―一六六六年］が、彼以前には Auslegungslehre（Auslegekunst）すなわち解釈の技と呼ばれていたものを命名するためにそれを発明したときに他ならない。ダンハウアーはまた、ある著書のタイトルすなわち一六五四年のその『聖なる解釈学あるいは聖なる文書を説明する方法』において術語を最初に用いた人物でもあった。タイトルはそれだけで学科の古典的な意味を要約している。聖なる解釈学、つまり聖なるテクストを解釈する（exponere：開示する、説明する）ための方法と理解しよう。そのような方法が必要になるのは、聖書の意味は必ずしも明々白々ではないからである。解釈（exponere, interpretari）は、ここでは意味の理解つまり intelligere に達することを可能にする方法ないし作業である。解釈と理解のあいだのこの合目的性の関連をしっかり記憶にとどめることが肝要である。というのもこれらの語は、後の解釈学の伝統において時として、例えば特にハイデガーにおいてかなり異なるいくつかの意味をまとうことになるからである。
解釈«*interprétation*»という語の意味は、ギリシア語の動詞hermeneueinに由来する。それは二つの重要な意味をもつ。つまり話すこと（élocution）の過程（何かを言表する、言う、明言する）と同時に解釈（あるいは翻訳）のそれを指している。いずれの場合にも意味の伝達にかかわるのであって、それは二つの方向で行われ得る。すなわち、一、思考から言説へと行くし、あるいは二、言説から思考へと遡行する。我々は今日、言説からその背後にある思考へと遡る第二の過程を特徴づけるためにしか解釈を語らないが[*1]、ギリシア人たちはすでに話《わ》を、意味の媒介の「解釈学的な」過程と考えていて、そのためにそれは語による思考の表現ないし翻訳を指しているのである。それにhermeneiaなる用語は何かを明言する言表を名指すためにも使われている。アリストテレス〔前三八四―三二二年〕の『オルガノン』文書中の第二の書は言表を扱っていて、これは*Peri hermeneias*というのであって、ラテン語では『解釈論』（*De interpretatione*）と翻訳された。

　もちろんそこで問題となっているのは、我々が了解している意味での解釈、つまり意味を実現する意志へともどる言説の説明としての解釈ではなく、逆にすでに意味の移しかえと理解されている話《わ》そのものの構成要素の説明としての解釈である。けれども術語のギリシア語における理解が示唆的であるとすれば、そのおかげで我々は、解釈の過程は、話の順序をまさしく逆転させなければならないということを知る上で役立つからである。思考から言説へ、すなわちストア学派の人々が見事に言明したように「内的言説」(logos endiathetos)から「外的言説」(logos prophorikos)へと向かう順序を逆転させるのである。

したがって我々はここで、意味の説明という解釈学的努力と、表現の修辞学的努力とを区別することができる。前者は外的言説からその内部へと遡る。しかるに後者は、解釈学本来の務めに先行しそれに十全の意味を与える。ある表現の意味を理解するためにそれを解釈しようと望むとしたら、それはひとえに当の表現が何かを言わんとしていて、そしてそれは内的言説の表現であるということを前提としているからに他ならない。

それゆえ解釈学の主要な規則がたいていの場合、修辞学、つまり上手に言う技から引出されたとしても偶然ではない。それは、人が伝達しようと努める思考は言説の中に効果的な仕方で提示されなければならないという考えに基づいている。ことに全体と諸部分についての重要な解釈学の規則の場合がそうであって、この規則によれば、ある文書の諸部分は一つの言説が構成する全体とその全般的な意図から発して理解されなければならない。この規則は、プラトン〔前四二七—前三四七年〕がその『パイドロス』(二六四c)の中で構成の修辞学的規則として提示しているものの逆転である。すなわち、言説は生きた組織体のように構成しなければならないのであって、そこでは諸部分は全体に仕えるべく配置されるというのである。言うまでもないことだが、テクストを正しく解釈することを望むなら、解釈者は言説の重要な文彩、つまり修辞学でいわゆる「転義」を十分に知らなければならない。解釈学の古典的な考え方の大理論家たちは、ほとんど常に修辞学の教師であった。

聖アウグスティーヌスの場合がそうであって、彼自身キケロの修辞学に強く感化された。彼は解釈の理論家である前にその実践者であった。彼には聖なる諸テクストに関するいくつもの解釈（expositiones）、――特に「使徒書簡」類と「創世記」のそれ――があって、しかもそれらはすでに『告白』の中に見出される（その最後の三巻は「創世記」の最初の数節の解釈を提示している）。「創世記」の文字通りの注解において、彼はオリゲネス（一八五年頃―二五四年頃）とアレクサンドリアのフィロン（前二〇年頃―後四五年頃）に遡って古典的な教義を再び採りあげる。それによれば、聖書は四重の意味を含んでいるという。「すべての聖なる書物においては、刻みこまれている永遠の真理（aeterna）、語られている事実（facta）、来たるべき事件（futura）、および命じられあるいは推奨される行動の規則（agenda）を区別することが重要である[1]」。

けれどもそれらの真理、それらの事実、来たるべき事件、および行動の基準を理解するためには、アウグスティーヌスがその『キリスト教の教え』の中で提示している一定の解釈の規則（praecepta）が必要となる。その基本となる原理は、すべて学問は事物[*2]（res）、もしくは標《しるし》（signa）にかかわるという点にある。もちろん標に対して事物の優先性を認めなければならない。というのも、諸々の標の認識は必然的にそれらによって指示される事物のそれを前提としているからである。こうして『キリスト教の教え』の第一巻は、聖書のテクストの中に提示されるべき「事物」、つまり三位一体の神のうちに根拠づけられる創造の物語とそれが提案する救いの解明に充てられることになる。

そこで著者は二つのタイプの事物を区別する。すなわち一方にそれ自体で享受され（frui）、それ自体のうちにその目的を有する事物、他方に別の目的のために人の使う（uti）事物である。永遠の事物だけが本当の悦びを提供し、それらを知ることが最高善（summum bonum）に合致する。アウグスティーヌスによれば、受肉の目的は、まさに愛（まずその被造物に向けられる神のそれ）の原理の中に表明されていることの相違を教えることに存したのである。アウグスティーヌスはそこから解釈学の第一の原理を引出す。つまり、あらゆるテクストは、すべて移ろうものを不変のものへと送り返すこの愛の掟に即して解釈しなければならない、という原理である。

聖書で言われていること（dicta）と標されていること（signa）とは、この本質的な事物（res）を目指して理解されなければならない。けれども、いかなる点で標がこの事物へと送り返すかを理解するためには、様々の学問を、わけても文法学と修辞学とを学ぶ必要がある。こうして我々は聖書の転義、つまり文彩を見抜き、本来の意味と比喩的な意味とを見分けることを修辞学から教わるのである。修辞学に想を得た『キリスト教の教え』の諸規則は、中世の聖書解釈全体の基礎となった。それらはプロテスタント解釈学の初期の大理論家たち（メランヒトン、フラキウス〔一五二〇—一五七五年〕、ダンハウアー）によって再び大いに採りあげられ、シュライエルマッハーまで維持され、彼において解釈学は新たな規模を獲得し始めるのである。

第二章　十九世紀におけるより普遍的な解釈学の出現

一　フリードリッヒ・シュライエルマッハー（一七六八―一八三四年）

ドイツ観念論の大思想家たち、フィヒテ〔一七六二―一八一四年〕、ヘーゲル〔一七七〇―一八三一年〕およびシェリング〔一七七五―一八五四年〕の同時代者ではあるが、フリードリッヒ・シュレーゲル〔一七七二―一八二九年〕のロマン主義の方にもっと近いシュライエルマッハーは、同時に大文献学者にして屈指の神学者、哲学者、そして解釈学の理論家であった。文献学者としては、プラトンのあらゆる対話篇をドイツ語に翻訳し、それらのために、今日に至るまでプラトン研究に刻印を残す重要な数々の序論を書いた。けれども彼はわけても神学において名を成した。一七九九年に強力な論文集『宗教について』を発表し、その中で、信仰は完全な依存の感情を表明するという思想を（彼の神学および解釈学をも他方では特徴づけることになる主観主義的な読みにしたがって）擁護している。その後、一八〇四年にハレで神学の教授に、次いで一八一〇年には新設のベルリン大学神学部の初代学部長に任命された。彼はそこで一八二一年から一八二二年にかけて『キリスト教の信仰』についての重要な教義論書を出版した。もっともシュライエルマッハーは哲学の講義も行っていて、その『論証術』（一八三九年）『倫理学』（一八三六年）『美学』（一八四二年）は彼の没後に出版された。

もちろん、我々がここで彼に関心をもつのはもっぱら解釈学者としてである。シュライエルマッハーがハレで育成されたことを知るのは重要である。そこは十八世紀における解釈学の一大中心地であって、彼以前に理性主義的で敬虔主義的な解釈学の巨匠たちが相次いで現れていた。シュライエルマッハー自身は、自らの解釈学の体系的な論述を公刊したことは一度もなかった。生前の彼は、一八二九年にベルリン・アカデミーで行った二つの講演のテクスト『解釈学の概念について――F・A・ウォルフ〔一七五九―一八二四年〕の示唆およびアスト〔一七七八―一八四一年〕の論考を考慮に入れて』しか公刊しなかった。けれどもハレおよびベルリンで教育に携わっている期間を通して、多くの講義を解釈学に充てた。彼の生徒リュッケ〔一七九一―一八五五年〕は師の手稿に想を得て、一八三八年に『解釈学と批評――とりわけ新約聖書のために』というタイトルでシュライエルマッハーの思想の概要を公にした。タイトルはこの書を解釈学の古典的な伝統の中に位置づけるものである。（「批評」はそこでは、テクストの校訂に関心を寄せる文献学の学科を指している）。

解釈学のあらゆる大理論家たちにならって、シュライエルマッハーは修辞学の伝統から豊かに想を汲んでいる。その解釈学のまさに劈頭に、「すべて理解する行為は言説行為を逆転することであって、それによって、言説の基礎にどのような思考があるかが意識されなければならない[1]」という文章が読まれる。「あらゆる言説は先立つ思考に依拠している[2]」ことが真であるならば、疑うべくもなく、理解の第一の務めは表現をしてそれに生命を吹込んでいる意味への意志へと送り返すことにある。「我々は思考のうちに、著者が表現せんと欲したのと同じものを探す」。こうして解釈学は修辞学の逆転と理解されるのである。

したがって、この学の「任務は言語《ラング》から出発して言説の意味を理解することである」。シュライエルマッハーは、偉大な後世を約束された警句としてこう言ってのける。「解釈学において前提としなければならないのは、言語活動《ランガージュ》のみである[3]」と。言語活動へと運命づけられた解釈学は、二大部分に区分される。すなわち、あらゆる言説を当の言語とその統辞法に基づいて理解する文法的な解釈と、言説の中にむしろ個人の魂の表現を見る心理学的な（時には「技術的な」とも呼ばれる）解釈である。解釈者は常に言語の全体的な枠組みから出発しなければならないとしても、明らかに人々は同じ言葉のもとに必ずしも同じことを考えるわけではない（それはわけても、言語の宝庫を豊かにしている天才的な創造物について真実である）。さもなければ「すべては文法に帰属するのではあるまいか」とシュライエルマッハーは溜息まじりに言う。

心理学的な解釈は、恐らくこの学者の最も独創的な側面を具現している（ガダマーはその点を強調することになるが、それは彼が理解の真実性の狙いを見失わせかねない心理学への逸脱と見なすものを批判するためにである）。シュライエルマッハーがそれにまず「技術的な」解釈なる名称を与えたのは、それが当該著者にきわめて特有の学的な技《テクネー》、その特徴的な高い技術を理解しようと努めるからである。

シュライエルマッハーの希望は、まだ存在していないという「普遍的な解釈学」を発展させることにある。「理解の技としての解釈学は、一般的な形ではまだ存在しておらず、いくつもの特殊な解釈学があるだけである」[4]。そこで仮想されているのは、『新約聖書』や法律に特化した解釈学の場合がそうであるような、特定の分野に限定されることのない一般解釈学である。そして解釈学が普遍的な身分を獲得しなければならないとすれば、それは理解の一般的な技 Kunst（またしばしば Kunstlehre）des Verstehens としてである。

理解を強調している点はかなり新しい。というのは解釈学はそれまで、むしろ理解へと導くべき解釈の技（ars interpretandi、Auslegungslehre）として理解されてきたからである。今やそれは、技によって保証される必要のある理解する行為そのものなのである。この主張には、彼の感情の神学の中にすでに現れている主観的な契機を認めることができる。

この強調は、シュライエルマッハーに固有のテーマ系、すなわち可能的な理解し損ないという現象の普遍化のそれと一対を成している。我々は何ゆえに、ある理解が正当であると言うことができるのであろうか。著者はこの点で、解釈についての二つの明確に異なる知解の仕方を区別する。

一、「理解はひとりでに生じるとする考えから出発する」締まりのない実践。それにとっては理解し損ないはむしろ例外となる。この解釈学の実践は「目標を否定的に言い表す。理解の誤りを避けなければならぬ、と」。そこに認められるのは解釈学の古典的な考え方であって、それによってこの学は、もっぱら曖昧な件を解釈するうえで頼みの綱となる補助的な学とされていた。

二、厳格な実践においては逆に、理解のし損ないはひとりでに生じるのであるから、理解は各々の地点で欲せられ求められなければならない[5]」という事実からの出発となるだろう。

この区別はいくつかの重大な結果を引込む。締まりのない解釈の実践はそこで、いかなる規則にもいかなる技にも従わない直観的な実践と同一視される。ところでそれは理解がおのずから生じることを想定している。しかるに、もし理解し損ないの方こそが自然であって、絶えず闘わなければならないとすれば、どうなのか。これがシュライエルマッハーの前提となる。したがって、理解はあらゆる点において技術の厳格な規則に従って行わなければならないことになる。すなわち「解釈学の仕事は、理解が不確かになるときのみならず、言説の理解を目指すあらゆる企てのすでに開始点から介入しなければならない」のである。

解釈学者は言う。解釈学に必要なのはそれゆえ「より多くの方法」である（die hermeneutischen Regeln müssen mehr Methode werden）と。[6] こうして彼は、潜在的に普遍的な理解し損ないの危険を抑制するために、解釈学のより断固として方法的な知解（ガダマーはそれをも批判するであろう）へと道を開く。解釈学はそのときからすでに補助的な機能を果すことをやめて、その名にふさわしいあらゆる理解にとっての不可欠の条件（sine qua non）となり、したがって厳密な意味での理解の「技の教義」（Kunstlehre）となるのである。

こうして解釈学もしくは理解の基本的な操作は再構築の形をとって行く。言説をよく理解し、理解し損ないによる絶えざる逸脱を抑制するために、私はあたかも私がその作者であるかのように、言説をその諸々の要素に基づいて再構築し得るのでなければならない。

解釈学の任務はそれゆえ、彼がしばしば繰り返す箴言（異文もある）によれば、「まずその著者と同じくらいよく、次いで著者よりもさらによく言説を理解する」ことにある。この箴言は恐らくカント［一七二四―一八〇四年］によって初めて用いられたものであろう。彼は『純粋理性批判』の中で、「我々は、プラトンが自分自身を理解したよりもっとよく彼を理解し得るとしても何ら驚くに当たらない。《なぜなら彼自身が自分の概念を十分に規定しなかったのだから》」と書いている（A三一四／B三七〇）。シュライエルマッハーはそれを自らの解釈学の一般原理とし、こうして彼の解釈学は生成論的な説明への道に入ってゆくのである。理解するとは、それ以後「〜の生成を再構築する」を意味することになる（それに、生成論的で心理主義に傾く着想は十九世紀に花開き始める諸々の解釈を特徴づけるであろう）。この思想はドイツ観念論に由来する。すなわち、第一原理からその生成を把握するときに、人は何かを理解するというのである。ロマン主義者シュライエルマッハーにとって、この第一原理とは作家のいわば胚種的《ジェルミナル》決定である。こうしてシュライエルマッハーは解釈学に心理学的な様相を与える。一八二九年の講演類において彼は、「解釈学の任務は、作家の制作活動の全過程を可能な限り完璧に再現することにある」[7] と述べている。

解釈学はテクストの解釈に専念する古典的な使命に忠実であり続けながらも、この哲学者においてもっと普遍的な射程を獲得する。

普遍性の第一の契機は、理解の技という資格において、特定タイプのテクストに充てられる専門の解釈学に先立つべき一般解釈学の構想の中で予告されている。（著者が擁護するのはこの普遍性のヴァージョンである）。けれども普遍性の第二の形が、解釈学はあらゆる正しい理解に適用され得なければならないとする思想のうちに現れてくる。人が常に自分自身の表象するものに囚われ続けかねないことを知っているロマン主義者としてシュライエルマッハーは、自分の推奨する解釈の厳格な実践にしたがって、可能的な理解し損ないの危険をここで普遍化する。解釈の厳格な実践こそが、解釈学の任務のより方法的でより再構築的な知解へと導いてくれるのである。普遍性の第三の要素は、一八二九年の講演において展開された思想のうちに認めることができる。それによれば、解釈学は書かれたテクストだけに限られてはならず、すべての理解の現象にもまた適用され得てしかるべきである。「解釈学は単に文学作品のみに限られてはならない。というのも、私は打解けた会話の最中《さなか》に解釈学の操作を実行している自分自身にふと気づくことがよくあるからだ（中略）。我々がまさにそのために理論を探している問題の解決は、言説が目のために文字言語《エクリチュール》によって固定されているという事実にはいささかも結びつかず、我々にとって語を用いて様々の思考ないし一連の思考を知覚しなければならない場合にいたるところで出現するであろう(8)」。

　今や、すべてが解釈学の対象となり得る。この普遍化は奇異さの拡大と対を成している。話される言説が古典的な解釈学の範囲に入っていなかったのは、まさにそれが同時代に属していて無媒介に現前し、そのためにじかに理解され得たからである。書かれた言説だけが、とりわけ古くそして遠く離れた著者たちのそれのみが、解釈学の介在を要請する異様さの要素を含んでいたのである。

　シュライエルマッハーはこの側面を普遍化する。他者の言説は、たとえそれが私と同時代のものであるとしても、常に奇異さ［étrangeté］の契機を含んでいる。解釈学の第一の条件はじっさい、この学者がアストから借用する思想にしたがって、何か奇異な［étranger］ものが理解されなければならないという点にある。アポリアとは言わないまでもこの問題意識から、彼は全体と部分の円環の問題に取り組まざるを得なくなる（そこから後に「解釈学の円環」が誕生することになる）。修辞学および解釈学における全体と諸部分にかかわるこの規則をよく知っていた学者は、「この規則を我々はどこまで用いることができるのか」[9]と明示的に問うている。なぜなら、規則は常により包摂的な意味の地平へと拡げられ得るからである。一つの文はその文脈に基づいて理解されなければならず、後者は当の書物の全体に基づいて理解されなければならず、その書物は著者の全作品と伝記に基づいて理解されなければならず、著者は彼の属する歴史上の時期に基づいて理解されなければならず、時期そのものは、歴史全体に基づいてしか理解され得ないからである。その少し前に、シェリングの生徒であった解釈学者アスト[10]は、じっさいこの解釈学の規則に無際限の拡大を認めていた。ある作品を解釈したいならば、当の時代精神［Esprit］を理解しなければならない、と。シュライエルマッハーの方はといえば、全体と部分の円環の「相乗作用」を制限しようと気遣う。したがって彼はそれに客観的でかつ主観的な航路標識を設ける。客観的な観点からすれば、作品はまずそれが属する文学ジャンルに基づいて理解されなければならない、と彼は言う。けれども主観的な観点からすれば、作品とはまたその著者の行為でもあって、その生涯全体の一部分を形成している。作品の理解は、その全生涯を知ることによって照らされるに違いないのである。

二　ウィルヘルム・ディルタイ（一八三三―一九一一年）

シュライエルマッハーにおいて大まかには依然として文献学の一学科として理解されていた解釈学は、ディルタイにおいてはもっと方法論的な意味を受けとる。ここで言う方法論とは、あるタイプの学問を構成する諸々の方法についての考察を意味する。方法論による人文諸学の根拠づけの問題は、シュライエルマッハーにとってはまだ存在していなかった。それが緊急の課題となるのは、カントによってその方法論が提案されたという精密諸科学が驚異的な飛躍を遂げるのを目《ま》の辺《あた》りにした十九世紀後半にすぎない。カントは、伝統的な形而上学に、つまり超感覚的なものについての不可能な学に致命的な一撃を加え、哲学を精密諸科学の方法論へと変えた人物として広く認められている。けれども、十九世紀に否定できない発展を見た人文諸学、とりわけ歴史学と文献学についてはどうなのであろうか。もしそれらが本当に科学であるとすれば、それらはその厳密さを根拠づける方法に依拠しなければならない。この方法論上の考察をこそディルタイは、カント的霊感の「歴史学的理性批判」というスローガンのもとに創始することができるのではないかと希《こいねが》うのである。彼はその構想を、一八八三年の『人文科学序説』第一巻で提示したのだが、これはその存命中に出版された唯一の巻であった。カントの『純粋理性批判』の百年後、「歴史学的理性批判」という後ろ楯の陰に身を置いて、ディルタイはそこで人文諸学の「論理学的で、認識論的で、方法論的な」基礎づくりの端緒を開くと約束する。それは精神の諸学を、それに固有のカテゴリー（論理学）、認識の理論（認識論）、および特有の方法の理論の上に根拠づけることを意図する。それゆえディルタイは二つの大敵と闘う。一方で、オーギュスト・コント〔一七九八―一八五七年〕やジョン・スチュアート・ミル〔一八〇六―一八七三年〕の経験論的実証主義に対してである。彼らは、人文諸学に特有の方法など存在しないし、もし科学であることを望むならば、人文諸学は自然諸科学の方法論を踏襲しなければならないと主張する。他方で観念論哲学の、わけてもヘーゲルの「歴史の形而上学」に対してである。ヘーゲルは自分の哲学体系の要請にしたがって歴史の流れを先験的《ア・プリオリ》に再構築できると自負していた。カントがヒューム〔一七一一―一七七六年〕の経験論的懐疑主義および幻視的形而上学との闘いにおいてそうしていたのにもいくぶん似て、ディルタイは、歴史学的理性の船を実証主義と観念論という二つの暗礁のあいだで進めようと努めるのである。

　人文諸学の方法論上の特殊性を根拠づけるためにディルタイは、歴史家ドロイゼン（一八〇八―一八八四年）による「説明する」（Erklären）と「理解する」（Verstehen）とのあいだの区別に着想をくむ。純粋諸科学が仮説と一般法則から出発して諸々の現象を説明しようと努めるのに対して、人文諸学は歴史的な個性をその外部的な表出に基づいて理解しようと欲する。したがって、人文諸学の方法論は理解の方法論となるであろう。

この理解という用語および理解についての一般理論の思想は、シュライエルマッハーにおいて重要な役割を担っていたことが思い出される。その数多くの功績の中でも、ディルタイはシュライエルマッハーの作品の認識については鋭い玄人であった。一八六四年にその倫理学について博士論文を書き、一八六七年にはその「解釈学の体系」について重要な研究を書いた(出版は一九六六年にすぎない)後で、一八七〇年には同じ哲学者の部厚い伝記を出版した。一八八三年のディルタイの『人文科学序説』には解釈学はまだあまり現れないとしても、それは、一九〇〇年の「解釈学の起源」についての主導的な研究では、最も重要な位置を占めている。この書こそが解釈学の世紀を開くことになるのである。ディルタイはそこで、一般大衆にまださほど広く知られていなかった学科の歴史を大まかに素描しているのだが、彼にとってシュライエルマッハーはその最も偉大な理論家だったと思われる。しかし彼はこの理論家に、人文諸学の方法論という大問題にかかわる新たな役割を与えるのである。

今や必要なのは、諸々の個人を、そして一般的に個別の人間存在の様々の大きな形すらも科学的に認識するという問題を解決することである。そのような認識は可能なのか、そこに到達するために我々にはいかなる手段があるのか(中略)。そして体系的な精神諸科学《モラル》(人文諸学)[*1]が、この個別的なものの把握から（中略）様々の一般法則を引出すとしても、理解と解釈のプロセスがやはりその基礎であることに変わりはない。それゆえ精神諸科学の確実性は、歴史学のそれとまったく同様に、個別的なものの理解が普遍的な有効性を獲得し得るかどうかを知る問題にかかっている。(11)

この問題にこそ、「文字によって定着された諸々の生《せい》の表出を解釈する技術」と了解される解釈学は答えることを約束するのである。解釈の目的は、個性をその外的な標[*2]に基づいて理解することである。「我々は、我々の五感によって外から知覚される標の助けによって内部を認識する過程を理解と呼ぶ」。理解することが問題となるこの内部は、作者の生きられた感情（Erlebnis）に対応する。それは直接には到達できず、その外的な諸々の標によってのみ到達し得る感情である。理解のプロセスは、「理解を試みる者にとって」、作者の生きられた感情を、その諸々の表現から出発することによって自己のうちで「再創造する」ことに存する。表現から「生きられた感情」へ、外部からその内部へと遡るのであるから、理解はここで、解釈の解釈学的な務めが修辞学的な表現行為の逆転と見なされ得たのと同様に、創造のプロセスを逆転させる。こうして今や、生きられたもの、表現、理解の三幅対は、人文諸学の解釈学を構成するものとして現れるのである。そうであるならば、解釈学は新たな任務を与えられるだろう、とディルタイは示唆する。「解釈学の本質的な役割」は、「歴史学の領域へのロマン主義的な恣意性や懐疑的主観主義の絶え間ない割り込みに対抗して、あらゆる歴史学的な確実性の基礎たる解釈の普遍的な有効性を理論的に確立する[12]」ことである、と。

この目標は、おおまかに言えばディルタイの仕事において一つの構想のまま留まることになる。けれども、それが人文諸学に方法論上の基礎として役立ち得るのではないかという思想は、彼以前には解釈学が実際には決して認めることのなかった適切さと見通しとをそれに付与した。今日に至るまで、エミーリオ・ベッティ［一八九〇―一九六八年］やE・D・ハーシュ［一九二八年生まれ］のような重要な思想家たちは、今なお解釈学を人文諸学の科学としての身分についての方法論的な考察であると見ているのである。彼らにとって、この任務を放棄するような解釈学は、存在理由のすべてを失うことになるのではあるまいか。

けれどもディルタイの最後の著作には、解釈学の遺産の核心をかなり異なる方向に押し進めようとするもう一つ別の思想がある。すなわち、人文諸学で展開される理解とは、生《せい》における理解と表明の探究の延長以外の何ものでもない、という思想である。そしてこの探究こそが、人間的で歴史的な生をそれとして他から区別しているのである。ディルタイは言う。「生そのものは」多様な表現の形を通して「分節されていて」、人文諸学は、それらがそこから奔出する生きられたものを再創造することによって、それらの表現の形を理解しようと努めるのである、と。歴史的な生の普遍的な哲学の上に基礎づけられたディルタイの根本的な直観とは、それは重大な結果をもたらすことになるのだが、理解と解釈とは単に人文諸学に固有の「方法」であるのみならず、生そのものが行っているもっとずっと根源的な意味と表現の探求の現れであるという点にある。

この人生そのものの「解釈学」という性格は、ほぼ同時期に晩年のニーチェがその権力意志に関する普遍的な哲学において展開した思想によって確認されたものに他ならない。この哲学にとっては、事実なるものは無く「解釈だけが存在する」。ディルタイ最後の著作においてと同様にニーチェにおいて浮かび出るのは、したがって解釈学のもしくは解釈の支配の普遍性という新たな相貌である。けれどもそれは、認識論による人文諸学の基礎作りというディルタイの夢をまさに疑問に付すかと思われる。大部分のディルタイの後継者たち（ハイデガーやガダマー）にとって、この夢はディルタイ晩年の仕事が行きつく生の根本的に歴史的な性格と両立し得ないと見えるだろう。この性格こそは、解釈学をいくつかの新たな任務に直面させることになる。

第三章　解釈学のハイデガーによる実存論への転回

十八世紀まではテクストの解釈の技、次いで十九世紀には人文諸学の方法論であった後で、解釈学は二十世紀にはまったく別物、つまり一つの「哲学」となり、また次第に流行語ともなる。それはまずディルタイ学派の直中《ただなか》において起こった。そこにあって彼の弟子ゲオルク・ミッシュ〔一八七八―一九六五年〕は一つの「解釈学の論理」を展開し、それによって、論理学と科学の諸々の基本的な範疇は、その根を生《せい》そのものの理解の探求に下ろしていることを明らかにしようと努める。ミッシュが彼の講義で提示したのは一つの論理学である。しかし講義が出版されたのは最近のことにすぎず(1)、解釈学思想の伝達という点ではささやかな役割しか演じなかった。

その唯一の人物というわけではないし時代の空気も力を貸したのだが、マルティン・ハイデガー（一八八九―一九七六年）は、解釈学のこの哲学的変換をなし遂げた主たる立役者であって、解釈学は完全な資格をもつ哲学の一形態となった。ハイデガーとともに、解釈学はその対象や使命や身分を変えることになる。まず対象を変えて、もはやテクストや解釈の諸学にではなく実存そのものに向かうことになる。したがって我々は、解釈学の実存論への転回を語ることができる。それはまた使命をも変える。というのも、解釈学はもはや技術的、規範的あるいは方法論的なやり方では理解されないであろうからである。それはもっと現象学的で、言葉の解放的な意味でより「破壊的な」機能をもつことになり、この機能はその身分の変更に由来している。解釈学は単に解釈（ないしその方法）に及ぶ考察であるのみならず、解釈プロセスの完遂ともなり、哲学そのものに混り合うのである。

一　事実性の解釈学

ほとんど強調されていないことだが、ハイデガーは、一九二三年のある講義のタイトルにおいて自分の思想を「事実性の解釈学」として紹介するときに、解釈学を一つの哲学の標題としたじっさい最初の人であるだろう（この講義を彼は『存在と時間』（*Être et temps*）の中で、さらに一九五九年にも引用している）。ここで事実性とはまず我々にとって対象ではなく、我々がその中に投込まれ、明白にか否かはともかくとして我々がそれへと目覚め得る冒険、すなわち具体的で個人的な実存を指示する。

事実性の解釈学の思想は、一九二七年の『存在と時間』における実存の解釈学のそれと同様に、属格のとりうる二重の意味に従って貴重な二重の意味を含んでいる。つまり「敵たちの恐怖」（metus hostium）における属格は、ある時には我々が敵たちに対して抱く恐怖（客体の属格）を、またある時には敵たちが我々に対して抱く恐怖（主体の属格）を指示し得るという意味にしたがって、である。

客体的意味において事実性の解釈学が意味するのは、哲学が根源的な仕方で「解釈学的な存在」（ens hermeneuticum）として理解される人間的実存を対象とすることである。このきわめて広い解釈学の概念は三つの源に由来する。一、それは部分的にはディルタイとその思想から来る。生《せい》はそれ自体本質的に解釈学的である、つまり生はそれ自身解釈によって運ばれているというのである。二、そこにはまた、フッサール〔一八五九―一九三八年〕における志向性の概念が刻印されてもいたであろう。それによれば、意識はそもそも意味への狙いの要因のうちに生きていて、世界を常に構成的な理解の展望のもとに知覚する。三、彼の発想は、最終的にはキルケゴール〔一八一三―一八五五年〕のキリスト教的な哲学から来ている。この哲学者は、自己の存在の方向づけを決めなければならない実存がその前に置かれているところの選択について語っていた。すなわち実存は解釈する存在であるということを前提とした選択について、である。

けれども属格の主体的意味では、事実性「の」解釈学の構想はこの解釈が実存それ自身によって実行されなければならないことを示唆している。言換えれば、哲学者——ないし事実性の解釈学の実行者——は、実存そのものに自己を置きかえてはならないのである。彼にできるのはせいぜい、実存にそれ固有の実存可能性を我が物とすることを許すような「形式的な指示」を練上げることである。けれども、実存に固有の事実性の解釈学を練上げることは実存それ自体が負う責任であって、ある意味で実存は、すでにある種の解釈の最中《さなか》で生きることによって、多かれ少なかれ無意識的にそれを実践しているのである。この解明の可能性は、実存がそれであるところのものの上に、すなわちある開かれた空間の上に成立する。この空間は本能の秩序によって全面的には規制されず、かえって自らの生の根本的な方向づけを決定することができ、こうして自己の存在を「疎外する」解釈から自己を解放し得るのである。

したがってハイデガーにおいて事実性は、人間的実存および彼が現存在（Dasein）とも呼ぶもの、つまり「そこに投げ出されている存在」の根本的な「存在の性格」を指示する。その都度私のものであるこの存在は、私にとってはまず何よりも私の面前にある「対象」ではなく、気懸かりおよび根源的な不安という様態に基づく自己との関係である。この事実性への接近のために、解釈学という用語が選ばれたのは偶然ではない。それは事実性そのもののうちに根拠を有する、とハイデガーは強調する。なぜなら、事実性は同時に、一、解釈することができるし、二、解釈されることを待ち望み、かつそれを必要としていて、三、はるか以前から自己の存在についてのある種の解釈の最中で生きられているからである。

ただ事実性はややもすればそのことを忘れ、こうしてそれ自身をも忘れる。事実性の解釈学の任務はそれゆえ、客体的属格の意味では事実性をそれ自身に思い起こさせ、それを自己の忘却から引出すことに存する。解釈学は各人の事実性に照準を定めた「攻撃」なのである。「解釈学の任務は、それぞれの現存在をしてその存在に注意深くあらしめること、現存在にその存在を伝えるよう、現存在を襲う自己疎外を駆立てるよう気を配らしめることにある[2]」。

換言すれば、実存をそれ自身に目覚めさせることが必要なのである。「解釈学のテーマはそれゆえ各人の現存在である。それが、自己自身についての根源的な覚醒を練上げるために、その存在の性格について解釈学的なやり方で問われるのである」。ここでハイデガーを古典的な解釈学から隔てる距離をはかることができる。解釈学はもはやテクストではなく、実存をそれ自身に目覚めさせることに寄与すべく、各人の個別の実存にかかわるのである。

問題が実存を揺さぶることである以上、それを微睡《まどろ》みの状態に維持している諸々の解釈を「破壊」しなければならない。「解釈学は、破壊を通してでなければその任務を遂行しない[3]」。破壊が必要であるとすれば、それは実存がそれ自身を避けようと努めるからである。自己への気遣いに苛まれて、実存はそれ自身に対するこの根源的な不安——実存自体この不安なのである[*1]——の重荷をおろすことに気をくばる。実存は自己自身をなだめ、自己自身を避け、こうしてそれに影のようにつきまとう「頽落」への傾向に屈する。[4] こうして実存は、「ひと」[*2] および世論から教唆された凡庸さに自ら屈するのである。

繰返せば、ハイデガーは、具体的な実存に提案すべきもっと教化的なモデルを必ずしももってはいない。彼は、それが成行きに身を任せ自己を引受けることを怠っているときには、そこに在ることをいくぶんやめているのだということをそれに思い出させているだけである。この非本来的な実存にハイデガーは、自己の存在の解釈を決定し得る開かれた空間としてすでに実存に住みついている本来性の理想を対置する。それゆえ重要なのは、新しいモラルを提案することではなく、現存在をして、それがであるところのものであるようにと招くことにある。つまり自己の存在についての根本的な決定がなされることもあるまさに「そこに」あり得る存在であるように、と。ところがそれはたいてい別の所にあって、遠い所でぼんやりしているのである。

二 『存在と時間』における解釈学の地位

一九二三年の解釈学の計画は、一九二七年の主著で再び採りあげられ、根本的な存在論という新たな着想に役立てられる。じっさいそこで哲学は存在論として構想されているのである。なぜなら彼の第一の問題は存在のそれだからである。ハイデガーによれば、この問題はいくつもの資格で優先される。一、それは学問においてまず根本的なものとして現れる。というのも、あらゆる認識、そして何らかの対象とのあらゆる関係は、人がかかわる存在についてのある知解を支えにしているからである（存在はいくらかはあらゆる学問的な探究の前提であるが、それを明るみに出すことは固有の意味で哲学に属する）。二、もっと根本的には、もし実存が「その存在においてその存在そのものが問題になるという事実によって」特徴づけられるというのが真実であるならば、存在の問題は実存そのものにとって緊急であることが明らかになる。哲学にとってはそれゆえこれ以上に本質的な問題は無いのである。けれどもそれは今日「忘れ去られ」てしまっている、と一九二七年の書はその劈頭で宣言している。

　したがって、そこへの新たな通路を切り開かなければならない。そのためにハイデガーは現象学の方法に従うことを提案する。この方法はまず禁止の意味をもっている。すなわち諸々の現象について言われるであろうすべてのことは、直接的な正当性認定の対象とならなければならないであろう。ところで存在にかかわる面倒は、それが姿を見せないことにある。問題が今日では放棄されていて、認識理論の問題系によって覆い隠されているからである。ハイデガーは言う。現象学が見させなければならないのはそれゆえ、即座には姿を見せないけれども、明らかにされる必要のあるものである、と。「現象学は一体何を見させなければならないのか。（中略）明らかに、先ず一見して、また最もしばしばまさに現れないところのものをである。それは真っ先に、また最もしばしば現れているものに対して後退してはいるが同時に、一見して、また最もしばしば姿を見せるものに本質的に属していて、それに意味と根拠とを得させているのである[5]」。現象学はこうして、存在の忘却――しかし存在は根源的な現象と理解されている――のせいで姿を見せない存在への接近を可能にする道となるであろう。

けれども、姿を見せずしかも存在論の対象となるものをいかにして見させようか。ハイデガーは解釈学、つまり実存の解釈学に訴えることによってディレンマを解決する。現象学はこうして「解釈学への曲り道」をとることになる。ハイデガーが現象学および解釈学の観念に与える詳しい説明は、存在という現象の覆い隠しは、決して無邪気ではない隠蔽の結果であることを強く示唆している。じっさいこの覆い隠しは、存在のテーマを包み隠すことによって、その有限で死すべき存在からともかく逃れようとする実存の自己隠蔽に基づいている。実存の解釈学の任務はそれゆえ、実存とその根源的なテーマである存在とを、自己自身を包み隠そうとする傾向に対抗して取り返す（一九二三年の講義は「覚醒させる」と述べていた）ことに存する。

ここで肝心なのは、二重の、しかし仕組みとなった忘却に立ち向かうことである。実存そのものの忘却（つまり任務および企投としての自己自身の忘却）および哲学の根本的なテーマとしての存在の忘却に、である。いずれの場合にも忘却は「破壊」を呼び求める。すなわち実存および哲学の根本的なテーマとしての存在を消し去る思惟を確立すべく采配を振ってきた諸々の動機の暴露を呼び求めるのである。『存在と時間』の序論においては力点は存在の忘却に置かれている。けれども著書の続く部分では、この忘却が根本的であるはずの実存とその終結性（finitude）の自己忘却に基づいていることが明確に論証されるであろう。

　この二重の忘却を取除くためには解釈学、すなわち「破壊的な」暴露（依然として、隠蔽された現象を解き放つべく努めるサビ落としという肯定的な意味で理解すべきである）が必要である。すなわち一方で、自らをその自己閉塞から引出す実存そのものの解釈学が、他方では存在論の歴史の「破壊」という名称のもとに予告される存在の哲学的な忘却の解釈学が必要となるのである。

　こうして『存在と時間』はきわめて密度の高い一頁（ドイツ語版、三七頁）において、「解釈学」で何を理解すればよいかについての簡潔で圧縮された性格づけを行うに至る。「現象学的記述の方法上の意味」は、記述とは解釈（«Auslegung»、我々はすぐにこの最重要の用語に立ちもどるだろう）作業の問題になるという明確な意味において解釈学に属することになる。現象学の解釈学的な性格は、二つの事柄が存在の理解——我々の実存のそれである——に「告げ」られなければならないことを強調していく。すなわち第一に存在の本来的な意味、そして第二に自己の固有の存在の基本構造である。けれども、存在の本来的で基本的な意味と我々のそれである存在の構造とを伝達するためには、「実存の存在の厳しい明確化」から出発せざるを得ない。この明確化が『存在と時間』において解釈学の哲学的に第一の意味を構成することになる。この意味が第一のと言われるとしたら、それがハイデガーの導こうとする現象学的存在論の真の土台を成すことになるからである。存在の問題を覚醒させるためには、多かれ少なかれ明白な存在の理解を明示する解釈——実存そのもののそれである——から出発すべきなのである。

とりわけ根本的なこの問題意識に鑑みれば、解釈学ということで「精神の歴史諸学の方法論」を理解し得るとしても、それは派生的にでしかない、とハイデガーは言う。こうして彼は解釈学のディルタイ的な考え方と訣別する。だがそれは、ディルタイ晩年のある衝動にしたがって解釈学を実存そのものに接合する思想の名においてなのである。

三　理解することの新しい解釈学

こうして解釈学は実存にその存在の本質的な諸々の構造を思い出させることを約束する。ハイデガーはそれらに「実存論的なもの」〔existentiaux、直後に現れる existential の複数形〕という名称を与える。もし実存が自己についての（気懸かりな）理解によって住まわれているというのが真であれば、言うまでもなく「理解」はきわめて根本的な実存論的なもの（existential）を形成することになり、ハイデガーはそれに、のちの解釈学にとって新しい決定的な意味を与えることになる。

実存は、それが理解の存在者であるがゆえに解釈学的である。そのことを我々はすでに知っている。けれども理解するとは何を意味するのか。ハイデガーは再び先立つ伝統と縁を切って、そこに知解（intelligere）や認識よりも、力や能力や技量あるいは巧妙さを見る。その点で彼は、「何かを心得ている」「それができる」を意味するドイツ語の成句 « sich auf etwas verstehen » を援用する。ここで「において自分を分かっている」は、それの行使に私を巻込む代名動詞である。というのも、理解において拡げられ、危険にさらされもするのは、常に私自身の「可能性」なのであるから。

理解するとはそれゆえ、何かができるということであり、この「為し得る」において「為され得る」ものは、常に自己自身のある可能性、一つの「自己理解」なのである。

実存とそれ自身についての根本的な不安に繋《つな》ぎ止められている理解はすべて、企投の構造をもつ。ということは、理解は予想の、つまり実存とその方位決定の必要によって支配される有意味性の予想構造のただ中に位置するということである。

だが、この予想は必ずしも意識的な企投に属するのではない。それは「投げ出された企投」に属する事柄である。すなわち、理解は実存のうちに投げ出されて、理解の諸々の企投——それは世界の中で局面を打開するまた同じだけの可能性である——でもって身を養っている。けれどもこの投企された存在を照らし、それらの予想を明るみに引出し、こうしてその理解の諸々の企投を我が物とすることはできる。この理解の解明はハイデガーのいわゆる「解釈」(Auslegung)によってなし遂げられるであろう。

こうして彼は、解釈学の古典的な任務を説明する解釈という概念を用いつつ、それに用いられたことのない意味を付与する。解釈とは理解の明示以外の何ものでもない、と彼は言う。ハイデガーはそこで、普通の言葉遣いでは解釈を意味するが、語の造りが藪の刈払いないし明示の観念を思い起こさせるドイツ語の用語 Auslegung で重義に訴えて言葉遊びをしているのである。(Auslegung を翻訳することが問題になるときの翻訳者たちのこの語に対するこだわりはそこに由来する)。

「解釈」(interpretatio)の古典的な問題系に対して、ここで二つの主要な位置のずらしが生じている。一、明るみに出すことが必要になるのは、まずテクストの意味や作者の意図ではなく、実存そのものに住みついている意図、その企投の意味である。このずらしはハイデガーにおける解釈学の実存論への転回と全面的に関係がある。彼はテクストの解釈という範例《パラダイム》を見捨てるのである(ただし、ブルトマン、ガダマーおよびリクールのようなハイデガーの後継者たちが認めるように、テクストの解釈への反響がないわけではない)。二、解釈はもはやそこでは、解釈学の古典的な考え方において優勢であった解釈や理解の目的論的な構造にしたがって理解に接近することを可能にする「手法」ではない。そうではなく解釈とはむしろそれに先行する理解の批判的な解明である。まず理解があって、次にその解釈がある。そこにおいて理解はそれ自身を理解し、それ自身の抱いた様々な予想を把握するに至るのである。

理解には、ハイデガーのいわゆるAuslegungすなわち「明示する解釈」において明瞭になる三重の構造が備わっている。すべて理解が有するのは、

一、「前もって獲得されているもの」(Vorhabe)。そこから発して理解が理解する地平である。

二、「予見」(Vorsicht)。というのも、理解は一定の意図ないし一定の目標をもって行われるからである。

三、「前把握」(Vorgriff)。なぜならば理解は、理解さるべくそこにあって、恐らく単純無垢ではないものを先取りする概念系の最中《さなか》で繰り広げられるからである。[*3]

明示する解釈の目的は、それ自身のために、この予想構造とそれが引込んでいるものとを(「これこれのものとして」)浮き出させることにある。ハイデガーは明らかにここで、照明(Aufklärung)あるいは解明の狙いに突き動かされている(それは彼の弟子ガダマーにおいてはいくぶん和らげられるだろう)。『存在と時間』において著者は当初、解釈と理解の文献学的なやり方をではなく、とりわけ明示もしくは「破壊」を待機している二つのタイプの予想のことを考えている。すなわち、

(a)存在についてのある特定の考え方の予想(存続する現前として。つまり存在するものとは、支配するまなざしの下で永続的な現前のうちに露呈するものである。それは形而上学の全歴史を

支配したであろう考え方である）。

（b）実存についてのある特定の考え方の予想（考えるもの、あるいは理性的な動物としての人間）。

ここでハイデガーは次の問いを問うている。そもそも、これらの前理解はどこから来たのか。それらはかつてそれ自身として解明されたことがあっただろうか。『存在と時間』はそれを行うことを意図し、存在と人間の問題に、理解と説明の構造――それはすでに実存の構造である――を適用する。こうして著書は、すでに実存のただ中でなされている存在と実存の解釈学を哲学の領域で実践するのである。ハイデガーを古典的な解釈学から分かつ距離が再び見えてくる。問題は、あるテクストの意味やある著者の思想を解釈することではなく、実存の前理解を解明して、それが本来的な把握に属しているか否かを究明することなのである。

四　理解の循環

ハイデガーによればすべて理解というものは、実存のそれ自身に対する気懸かりによって誘発されるところのある予想をもとにして立ち現れる。それゆえ実存は一定の既得物や狙いから発して、またある概念系にしたがって自らを理解する。別の言い方をすれば、理解の「白紙状態」(tabula rasa)は存在しないのである。しかるに科学の方法論は、この理解の「白紙状態」という理想を、十九世紀の解釈学、特にディルタイに押しつけてしまった。そこで解釈学は、解釈の主観主義を排除して人文諸学の客観性への自負を基礎づけるべき学科と理解された。そこでは、解釈者のそしてその時代の先入観を遠ざけるのでなければ、「客観的に」理解することはできないと想定されたのである。

この客観性の理想という尺度をあてれば、理解と解釈についてのハイデガーの考え方はどうにも悪い「循環」に陥っていると見える。もはや客観的で偏りのない解釈があるとは思われず、すべて解釈とは先立つ理解の練上げにすぎないと思われるからである。そこに、いくぶんかは古典的な解釈学を定義していた問題が由来する。つまり、いかにしてこの忌々しい循環から抜出すか。いかにして解釈者の前概念からついに独立した解釈に至るか、という問題である。

この循環から抜出すことを望むのは、ハイデガーから見れば、もはや実存から迸《ほとばし》り出てこないような理解に到達する希望を抱き続けることであろう。その類《たぐい》のものはいっさい存在しないのみならず、かかる幻想を抱き続けるならば、まさしく理解からまったく逸れて通り過ぎることになるだろう。すなわちそれ自身を気遣う実存の諸々の期待によって常に動かされている理解可能性の探求から逸れて、である。それゆえ彼はこう訴える。「決定的なのは循環から出ることではなく、ふさわしいやり方でそこに入ることである」（ドイツ語版、一五三頁）、と。彼にとってそれは次のことを意味する。すなわち、解釈の第一の務めは恣意的な先入観に屈することではなく、事物そのものから発して理解の予想構造を練上げることである。（ハイデガーはこうして、事物への適合としての真理という古典的な考え方を自分がいささかも放棄するものではないことを示唆している）。

ハイデガーの解釈学の準則はそれゆえ、理解の予想構造がさながら存在しないかのごとく振舞うことではなく、それを浮び上がらせることである。したがってハイデガーは厳密さの、つまり自己批判の行使へと解釈を招く。『存在と時間』の構想全体は、存在と実存を支配する知解についての解釈学的な前提を問うことによって、この行使に専念する。

五　ハイデガー最後の解釈学

この批判的な説明は、彼の晩年の哲学、さらにはその最後の「解釈学」においても続けられることになる。それは形而上学の歴史との、そして待機状態の現前としての存在という支配的な考え方の歴史との討議の形をとる。確かに晩年のハイデガーはもはやほとんど解釈学を論じていないが、その要請を先鋭化して、彼が今や存在の忘却に責任ありと見なす形而上学思想の諸々の前提の糾明に自らの全努力を傾けている。

『存在と時間』においては、この忘却の重い責任は自らの本質的な問題を忘れている非本来的な実存に負わされていた。第二期のハイデガーはむしろそこに、西欧形而上学の運命の帰結を見ることになる。形而上学は存在を合＝理性《ラシオナリテ》性の展望に従わせる（「理拠［レゾン↑ラシオ］無しには何も無い」）ことによって、存在の本源的な神秘、つまり何のためということ無しの無償の出現を抹消したのではないか。この合＝理性性の形而上学は技術の本質にその完成を見出す。存在とはそこではもはや待機状態にあって計数化可能な一所与にすぎないのではあるまいか。ハイデガーは存在についてのもっと謙虚で「理拠の原理」によって統御されることの少ない別の知解を待伏せている。こうして彼の思索は、新たな始まりを準備することを目指し、またこうして、人間への説明の要求によって存在を人間の展望に隷従させがちな形而上学思想を「乗越える」ことを目指す。この解釈学は『存在と時間』の狙いを延長している。というのもその意図は、存在の形而上学的な考え方の諸前提を、より根源的でかつ存在の出現にもっと気を配る別の思索の名において浮彫りにすることにあるからである。

この別の思索をハイデガーは、言語活動《ランガージュ》それも詩的な言語活動の現象に新たにしてまったく解釈学的な注意を払うことによって素描している。『存在と時間』はすでに、解釈学の任務は実存に存在の意味を告げることであると述べていた。ところでこの「告知」はすでに言語活動そのものに属する事柄であって、そこにおいて存在はそもそもの初めから言葉《パロール》へと向けられていたのではないだろうか。言語活動を理解し、それによって存在の神秘へと開かれているこの能力こそが、我々の現存在、我々の「言語活動における現存在」を基礎づけているのではないだろうか。したがって最晩年のハイデガーが、「存在の家」と見なされる言語活動についての考察の中で、こう言い得たとしても驚くに当たらない。すなわち、根本的な「解釈学的関係」、存在と人間との関係に声を与えるのは言葉である、と。(6) ハイデガーは、一九五九年に出版された回顧的な「対談」においてそう述べていて、そこで懐旧の念を込めて事実性の解釈学という自分の構想に立ちもどり、またさらにそこで三十年来初めてシュライエルマッハーとディルタイのテクストを引用している。こうして彼は自身に先立つ解釈学の遺産との連帯を表明する。しかし、言語が解釈学的関係の要素であると断言することによって、自分の後継者たちによる解釈学の諸々の展開を先取りしてもいたのである。*4

第四章　解釈学の躍進へのブルトマンの寄与

少なくとも言えることは、ハイデガーが解釈学についてかなり異端的な考え方を提案したということである。彼の構想は存在と実存の問題に固定されていて、一見したところでは、テクストを解釈する技術として、もしくは人文諸学の方法論として理解される解釈学の古典的な概念とは大して関係がない。それは解釈学の伝統的な関心事からひどくかけ離れていると思われるので、幾人もの解釈学の歴史家たちがあえてこれを無視することも、そこに致命的な危険を見る（ベッティの場合）こともある。けれども、ハイデガーの後裔と呼び得る人々（ブルトマン、ガダマー、リクール、ヴァッティモその他）にとっては、まさに理解、解釈および言語活動についての彼の「革命的な」考察こそが、テクストの解釈および人文諸学における真理の主張の根拠づけに専心する解釈学思想にとって重大な結果をもたらすことになった。これらの著者たちの関心は、各人各様のやり方で、実存論的な解釈学の教えを解釈学のもっと伝統的な諸問題に適用することにあったと言うことができる。

ハイデガーの考え方がいかにしてテクスト解釈のより古典的な諸問題に役立ち得るかを示したスケールの大きな最初の思想家は、恐らく神学者ルドルフ・ブルトマン（一八八四―一九七六年）であった。ハイデガーの知己を得る以前においてさえ、これはすでに優れた『新約聖書』の解釈者であった。一九二一年のその『共観的伝統の歴史』[*1]において彼は、聖なるテクストにおける様々の文体と様々の文学ジャンルとを強調することによって、聖書テクストの歴史学的・資料批判的《クリティック》な読みに第一級の貢献をなしていた。一九二一年にマールブルクで教授となり、そこで全キャリアを過ごし、またそこでハイデガー（一九二三年から一九二八年までマールブルクの教授）と、それにまたガダマー（一九一九年から一九三九年まで同じ大学で二十年間を過ごす）とも緊密な関係をもった。

　ハイデガーによって提起された実存論的な解釈は人間実存の偏りのない記述を提供していて、神学者はその解釈の仕事においてそれを使うことができる、とブルトマンは常に考えた。こうして彼は、聖書解釈の分野でハイデガーの思想を結実させる最初の解釈学者となる。それは特に、一九五〇年に発表した論文「解釈学の問題」において明らかである。ブルトマンの作品の中ではかなり遅く日の目を見るこのテクストは重要である。というのもそれは、ガダマーやリクールのような著者たちにとって、何が依然として「解釈学の問題」であり続けるのかを見定めるうえで役立つからである。

　ブルトマンは、五十年前に発表されたディルタイの論文「解釈学の起源」に自ら依拠しつつ、彼のいわゆる解釈学の問題を提示している。けれどもそれは、ディルタイが抱いていた「理解」に関するあまりにも狭隘であまりにも生成論的な考え方を一挙に批判するためである。理解とは真に、「取りあげられる作者のうちで展開された内的現象の再現実化」なのであろうか。「それらの現象が由来する内的な創造事件」の再創造以外の何ものでもないのであろうか、と。(1)

それゆえブルトマンはそこで、ディルタイの解釈学における心理学化への方向づけを糾弾する。彼によればこの方向づけは、むしろ解釈者本人の根本的な問いから発して理解すべき事柄へと集束する理解の努力の意味、そのものを覆い隠すというのである。

理解とか解釈とかはそれゆえ（中略）、常にある特定の疑問やある明確な狙いによって方向づけられている。そのことは、ある前提無しには理解は決して存在しないということを、あるいはもっと正確に言えば理解は、テクストに問われているところの事柄の前理解によって常に導かれているということを含意する。(2)

ブルトマンにとって、理解はテクストの事柄（Sache）に、それが問題としている事柄に向けられているのであって、作者の心理にではない。けれども、事柄のこの理解は解釈者の前理解によって導かれざるを得ない。そして前理解は、今度は理解する人の生《せい》のうちに根拠をおいている。「根本的な問いは、問いかけを行う人の生のうちで根拠づけられている関心から生じるのである。理解ある全ての解釈の前提は、我々の論じている関心が解釈されるべきテクストの中で何らかのあり方で生きていて、それがテクストと解釈者とのあいだのコミュニケーションを打立てる、ということである[3]」。

したがって、人は言われていることに参加することによってしか理解することはできない、とブルトマンは言う。彼はそこで、「参加的な理解」(teilnehmendes Verstehen)なる語を用いている。理解するとは、私が理解するものを分けもつことである。それゆえブルトマンは言う。私はプラトンとともに哲学することによってしか彼を理解することはできない、と。著者がこの参与の思想を力説するのは、理解すべき意味はまず個性の表現であるとする理解についてのあまりにも「耽美的な」考え方を批判するためである。否、とブルトマンは言う。理解するとはむしろ、実存の可能性を捕えることである、と。

「解釈学の問題」の中心にあるこの実存の可能性は、理解の二つの極において現れ、それは今や対話の問題となるのである。まず私は常に私の実存から発して理解し、そして同時に私が理解することとはまた、テクストによって開示される実存の一つの可能性でもあるからである。ブルトマンの思想の影響を強く受けたポール・リクールは後に言うであろう。理解は、作品が私に開きかつ私に住まうことを許す世界に及ぶ、と。

解釈者の前理解は解釈学の方法上の理想の名において排除されてはならず、むしろそれ自身のために練上げられ問題とされなければならない。「必要なのは前理解を排除することではなく、意識的な次元にまで高めることである」[4]。著者によれば、意識的にするとは、前理解をテクストの試練にかけてテクストによって問題として問われ、こうしてそれがテクストの要求（Anspruch）を理解し得るようにすることである。前理解の修正は常に可能であって、解釈作業において生じるのはこの修正なのである。

じっさいブルトマンが、ハイデガーにおける一方の理解と他方の明示する解釈とのあいだの緊密な関連をきわめて正確に把握したことを示しているとすれば、彼の功績は次の点にある。すなわち、テクストの実存論的な解釈学を発展させ実践することによって、解釈学の円環という概念を解釈学のより伝統的な問題に真っ先に明白に適用したという事実である（ハイデガーは、大まかに実存および形而上学の解釈学にとどまったのであるから）。理解は「生のうちに根拠をもつ関心」の上に築かれるという断言によって、彼はガダマー（適用としての理解）やリクール（世界の開きとしての理解）の哲学的解釈学において独特の理解の考え方に先んじていた。こうして彼はガダマーよりも前に、ディルタイにおける依然としてあまりにも耽美的で再構築的な理解の考え方に対立していたのである。彼の「参与としての」理解という考え方は、理解を対話として知解する道をすでに切り開きつつあった。解釈学のより旧い諸問題への回帰は、ハイデガーの土壌からして可能になりつつあったのである。

第五章　ハンス＝ゲオルク・ガダマー——あるいは理解という事件の解釈学

一　人文諸学の非方法論的な解釈学

たとえハイデガーがすでに解釈学の哲学的な概念を提案していたとしても、解釈学という用語が一般の意識にとって真に重きをなし始めたのは、まさにガダマーとともにである。一九六〇年に彼は、『哲学的解釈学の概略』という標題をもつ大部な原稿を出版社に提出した。けれども出版社は、「解釈学」というのは多分あまりにも晦渋きわまる用語で、読者をたじろがせかねないと判断した。何かもっと人を引きつけるものを見つけるよう勧められたガダマーは、まず『理解と事件』を考え、その後『真実と方法』(*Vérité et méthode*)というタイトルにたどりついた。この著書こそは解釈学をまさしく哲学的討論の中心に投げこんだ。その証拠に出版社は、一九六七年にガダマーが出版する論文集の標題に「解釈学」という用語が現れるよう強く求めたのである……。

ハイデガーの弟子であり彼から大いに想を汲んでいるとしても、その解釈学からガダマーのそれへの移行はしごく当然であるというわけではない。というのも、ガダマーは師の「実存の解釈学」をそのまま採用したのではないからである。むしろ彼はそれを出発点として、人文諸学の解釈学というもっとディルタイ的な問題系を検討し直すことを試みたのである（たとえガダマーが最後には、言語活動《ランガージュ》の普遍的な解釈学を素描することによって、その地平を越えることになるとしても）。ハイデガーのうちで彼に影響を与えたのは、実存の直接的な解釈学とか存在の問題の問い直しとかの構想よりも、もはや白紙状態（tabula rasa）という客観主義の理想に従って理解すべきではない解釈学的円環の新たな知解である。ハイデガーの根本的な思想は、あらゆる予想を取除き、したがってついに「客観的」となった理解に至ることを望むのは愚かしいということであった。なぜならば、終りある存在者にとって理解するとは、ある種の予想によって動かされることだからである。構成的な予想がなければ理解は一切の存在理由、すべての妥当性を失ってしまう。それゆえ、理解によって導かれないような解釈は存在しないのである。

もちろんそのことをハイデガーは、実存の解釈学の狙いにおいて述べていた。すなわち、実存の諸々の予想は、本来的なやり方で我々の存在の終結性を起点として練上げられたのか、そうでないのか、と。ガダマーはといえば、彼は解釈学の円環へのより積極的な価値付与を人文諸学の解釈学の問題系に適用する。ハイデガーの考え方は、人文諸学における真理性への主張を正当に評価しようと意図する解釈学にとって由々しい結果をもたらすはずはないのではないか。したがってガダマーはハイデガーから出発はするものの、それはディルタイが問うた問題の知解を更新するためなのである。ディルタイの問いに回帰するとしても、彼はしかしディルタイの前提、方法論のみが人文諸学の真実性を説明しうるとする前提を俎上に載せる。それがいくぶんかは標題『真実と方法』の意味である。真実とは単に方法のみの問題ではない。方法は観察者のその対象への距離に根拠をおくものだからである。ところで、この「距離をおく理解」というモデルは、真に人文諸学にふさわしいのだろうか。見る人はある仕方で常にそこに引込まれていないだろうか。理解についてのこの考え方は、大まかにはハイデガーに由来する。理解する［comprendre］とは、「そこにおいて自分自身を理解する［＝含ませる］《s'y comprendre soi-même》こと」である。けれどもそれは、同じくらいブルトマンの「参与による理解」を想起させる。

ガダマーの当初の意図は、理解についてのこの「参与」の概念から出発することによって、人文諸学（および理解一般）の真実性の経験を根拠づけることにある。それは、彼が著書の第一行で「解釈学の問題」と呼んでいるものを構成する[1]。しかしこの「問題」は彼に従えば、ディルタイが提案したあまりにも方法論的な解釈学の考え方によって覆い隠されてしまっていた。ガダマーの考えでは、ディルタイはあらゆる主観性の介在に破門を言い渡す精密諸科学の方法論に想を得た真実概念に屈しているのである。

人文諸学はこの方法論に盲従する代わりに――それにこの方法論は人文諸学の現実的な実践にあまり適合しない――、いくぶん忘れられたユマニスム[*1]の伝統に想を汲む方がよいのではあるまいか。けれども、人文諸学はその呼称の由来をそれ（humaniora）に負っているのである。解釈学問題の復権は、それゆえ『真実と方法』の最初の数節における知のユマニスム的な考え方の力強い名誉回復から始まることになる。自然に関する方法的な諸科学とは異なり、ユマニスムの弁別特徴はそもそも、客観化され測定され得るような結果の産出を目指すことにはない。それはむしろ、個々人の判断能力を発展させ、よってその育成（Bildung）や教育に貢献せんものと望むのである。万人に共通の感覚であり、共通にして正当であるものについての感覚でもある常識［＝共通の感覚］がそこで形成されるところのこの育成という理想において、普遍的なもの——けれどもそれは科学的な法則のそれではない——への上昇が生じる。それはむしろ我々の特個性の超克に対応していて、それによって我々は別の地平へと開かれ、固有の終結性を謙虚に認めることを学ぶのである。そこには、人文諸学にモデルとして役立ち得るところの個人を巻込む一つの「認識の様態」があるのではないだろうか。このモデルが我々にとってその拘束力を失ったとすれば、科学的実証主義が知の唯一のモデル、つまり解釈者から独立した方法的な認識のそれを強いたからである。ガダマーは決して方法的な知そのものに反対するのではない。彼はその正当性をそっくりそのまま認めている。けれども彼の考えでは、それが唯一の認識モデルとして強要されることによって、我々にはややもすれば別の知の様態が見えなくなっていると言うのである。人文諸学の真理性を正当に評価することを望む思索、つまり「解釈学」と呼ばれ得るものに属する思索は、したがって必ずしも方法論ではないのではないか、と。

二　モデルとしての芸術、もしくは理解という事件

方法的科学のそれとは別の知のモデルを求めて、ガダマーは『真実と方法』の第一部で芸術体験に想を汲む。芸術作品は美学的な楽しみをもたらすだけではなく、まずもって真実との出合いである、とガダマーは力説する。芸術作品を厳格に美学的な事柄に還元することは、科学的に認識され得るものの次元に限られる真理概念の独占権を主張する方法的意識にとって願ったり叶ったりである。否、とガダマーは言う。芸術作品はそれ自身の真実〔sa vérité〕を有していることをも認めなければならない、と。この真理概念の拡大によって、人文諸学における認識の様態をより正当に評価することが後になって可能になるであろう。

この真実との出合いを考えるために、ガダマーは「ゲーム」の観念から出発することを提案する。芸術作品を理解するとは、そのゲームの中に引込まれるがままになることである。このゲームにおいては、我々は指揮する者であるよりは、我々を上位の真実に参加するよう促す作品によって捕えられ魅了され

る者である。したがってゲームは、ガダマーにとって純粋に主観的なものでは決してない。まったく逆に、ゲームをする者はむしろ「彼を超える」現実の中に運び込まれる。あるゲームに参加する者はそのゲームの自律性に順応する。例えばテニスの競技者は自分に送られてくるボールに応え、踊り手は音楽のリズムに従い、一篇の詩あるいは小説を読む者は自分の読むものによって捕えられる。

このモデルが重要であるのは、そこでは「主観性」〔＝主体性〕が大きく巻込まれているからである。けれども主体が巻込まれているというのは、作品がそのまったき客観性をもって主体に強いてくるものにまさしく順応することによってなのである。主体はその時、それ自身を変える出合いの中に引込まれている。芸術作品の場合には「ゲーム」は、一つの形象《フィギュール》に凝縮される。我々を虜《とりこ》にし、存在するものについても私自身についても何か本質的なものを私に開示する作品となって、である。存在するものについて、というのも、作品の中で現れることになるのは現実性の増加だからである。すなわちそれが表象する現実そのものよりもっと力強くもっと開示的な現実であって、作品はそれをそれ自体として私により良く知ることを可能にしてくれるからである。例えばゴヤのタブロー「ドス・デ・マヨ」(「五月二日」)は、フランスの軍隊によって至近距離から銃殺される哀れなスペインの農夫たちを描いているが、それはナポレオンによるスペイン占領の現実がどんなものであったかを顕《あらわ》にしてくれる。

この真実との出合いは、同時に自己との出合いを具現している。それこそまさに私の「参加する」(もう一度ブルトマンが思い起こされよう）真実である。というのも、作品は常に特異《ユニック》なやり方で私に問質《といただ》してくるからである。ゆえに芸術作品の諸々の解釈において、かくも甚だしい変異が見られるのである。けれどもガダマーの強い思想は、変異が意味そのものにとって本質的であるという点に存する。したがって、解釈からそれを根絶やしにしようと望むとすれば、それは邪な振舞いであろう。だからといって、真実の経験は私固有の展望に属しているわけではない。この経験は何よりもまず、存在するものへと私の目を開いてくれる作品自体に属している。ガダマーの語っている真実を、作品がもち得る私にとって有用なものへと真実を還元してしまうプラグマティズムの考え方から区別しなければならない。作品が私の展望に従うのではなく、逆に作品を前にして私の展望の方が拡大し、変貌さえしなければならないのである。

こうして芸術作品の経験には、一方の強制ではないにせよある開示のごとく私に立ち現れてくる「存在の増加」と、他方の私自身による応答との間に、一つの厳格にして惹きつけるゲームがある。その真実に我々を吊下げる芸術作品を前にして、何人《なんぴと》といえども無関心であり続けることはできない。芸術作品において現実を変形する——現実は「変容を受け」「承認される」——この開示は我々をも変える。芸術作品は常に私に言う。「お前は生活を変えなければならぬ」と。

芸術作品のモデル、そしてガダマーに特有の厳格性のモデルを、彼は人文諸学に適用することになる。

彼によれば、人文諸学の真実は、方法によりは（我々を捉え、我々に現実を発見させる）「事件」の方により多く属している。哲学者が、自分の著作にまず『理解と事件』というタイトルを与えることを望んだのは、その点において示唆的である。こうして彼は、この目覚ましい真実経験に「客観性」を保証するような或る方法論を押しつけることを望んだとしても、それは多分もう手遅れだ、と強調したかったのである。そのようなとき我々は、認識の方法的理想に屈することになるのではないだろうか。この理想は当該の領域では正当であるとはいえ、人文諸学が保証するところの、そして芸術体験の助けによって我々が再発見し得る真実の経験を歪めてしまうのではないだろうか。

三　理解の条件としての先入観、すなわち伝統の復権

人文諸学の真実を根拠づけるための古い処方は、精密諸科学から受継いだ客観性の観念の名において理解から諸々の「先入観」を排除することにあった。ガダマーはかなり挑発的なやり方で先入観にむしろ「理解の条件」を見ようとする。彼はそこでハイデガーにおける理解の予想構造の分析を拠所にする。ハイデガーは意味の投入は欠陥ではなく、その名に値するあらゆる理解の本質的な構成因であることを

示していたのである。同じ精神でブルトマンも解釈者の「前理解」なしに解釈は無いと主張した。けれどもブルトマンにおいてと同様にハイデガーにおいても、この考え方は主観主義に大きく扉を開いていたわけではない。というのも、理解されるべき事柄に適合した予想をまさしく発展させることが必要であったからである。じっさい二人の著者において解釈とは、自己の先入観の批判的な検討への招き以外の何ものでもなかった。

ほとんど強調されていないことだが、ガダマー自身、解釈の努力を特徴づけるこの絶え間ない見直しのプロセスを力説することによって、自らの分析を始めたのである。正当な解釈は通念の恣意性から身を守り、自己の視線を事柄自体へと向けなければならない[2]。したがってハイデガーとまったく同様にガダマーは適合の思想に敵対しない。彼がむしろ問題にするのは、啓蒙思想に由来するまったく先入観のないとされる理解の理想である。

ガダマーの分析は、この先入観に対する強迫観念それ自体が、問題化されていない一つの先入観、すなわち「先入観に敵対する先入観」に由来することを明らかにする点で巧妙である。じっさい、諸々の先入観に敵対する啓蒙のいわば十字軍は、第一義的な確実性の基礎の上に理性的に築いたものしか真とは認め得ないという考え方に依拠している。この原理の導きによって啓蒙思想は伝統や権威に基づくあらゆる認識の価値を低く評価してしまう。けれどもそれでは、フランス語で「正当な先入観」« préjugés légitimes » と言われるように、伝統から来る豊饒な先入観もまたあり得ることを見落とすことになる。したがってガダマーは、理性と伝統とのあいだの対立は抽象的で、それ自体、究極的な仕方で根拠づけられないあらゆる真実を拒絶する伝統——デカルト的なそれ——に従属している、と判断する。ガダマーは自問する。そのようなもの、つまり厳格に全く伝統に負うことがなく、それゆえ言語活動から完全に離れた真実なるものが本当にあるのだろうか、と。

ガダマーはここで、ある特定の伝統を考えてはいない（もし考えているとすれば彼は、実際にはそうではないのだが、いわゆる「伝統主義者」ということになるであろう）。彼はむしろ理解の上流で自らを織りなす「歴史の作用《トラヴァイユ》」のことを考えている。伝統とはこうして、ある理解において「客観化され」得ないけれども、気付かないうちにその理解を決定するすべてのものを表わしている。理解は、過去とその現前から受継いでいるが、それが必ずしも距離をおくことのできないある期待と狙いから出発して行われる。ガダマーが先入観の批判的な検討という古典的でハイデガー的な理想を維持するとしても、理解の真実を先入観のまったくない認識の理想へと方向づけるのは幻想である、と彼には思われるのである。彼によればそのような理想は、理解の努力を構成する歴史性を正当に評価していないのである。

ガダマーにおいては、解釈学に対する批判的な疑問をこの歴史性によって解決する期待も可能になる。すなわちどのようにして、理解を可能にする正当な先入観を、批判的理性の責任において乗越えるべき正当でない先入観から識別するのかという問題である。[3] 彼は言う。多くの場合、時間の後退つまり時間的距離によって良き先入観と悪しきそれとの仕分けは可能になる、と。そのことは例えば、同時代の芸術においてもまた哲学においても分かる。どのようにして重要で独創的な貢献をそれほどではない貢献から区別できるのか。そこでは時間の隔たりのみが何らかの助けを提供し、そのおかげで目覚ましい成果が浮かびあがり価値あるものとされることが可能になる。これは多かれ少なかれ満足のいく解決にすぎない。というのもそこでは、時間的距離が欠ける（だが、あらゆる形の批評的な距離が欠けるわけではない）同時代の諸作品の評価の問題を放置しているからであるし、また時間的距離のせいで偉大な作品や重要な解釈についての判断が曇らされ得るという審級をたぶん無視してもいるからである。ガダマーは伝統のもち得る開示的な点を力説していて、それは正当であるとしても、それがもち得る隠蔽的で時には弾圧的なものを恐らく十分に強調することはなかった。けれども、確かにガダマーによる批判は伝統のかなり「近・現代的な」概念を前提としていて、それをこそ彼は相対化しようと努めているのである。

四　歴史作用とその意識

ガダマーの解釈学の根本的な概念は、歴史の作用（Wirkungsgeschichte）のそれである。ガダマー以前から存在していたドイツ語のこの単語は、最も日常的な意味において受容の歴史を、あるいはもっと簡単に言えば歴史を通じての作品の後裔を指している。こうして例えば、セルヴァンテスの作品をその後裔から、フランス大革命をその歴史への影響から区別することができる。それは歴史の仕事――『真実と方法』の著者はその生産性を強調する――を指しているのであるから、我々はここで「歴史の作用」なる語を用いることができる。

歴史の作用の学は、十九世紀に、自らの「歴史意識」を誇り、偉大な作品の後裔をそれ自体として研究することに腐心した歴史家たちによって発展させられた。プラトンの思想をそれ自体として研究したい歴史家は自分自身を、プラトンの後裔からそしてその先入観から区別することに気を配ることになる。それゆえ歴史の作用についての歴史的意識をもつことによって、歴史がそれに諸々の新たな意味を付与する前に「実際にあったままの」過去の客観的解釈というこの上ない首尾を目指して、歴史による油断のならない決定を免れ得るはずであった。

ガダマーは自問する。この歴史の作用を遠ざけようと努める理解の理想は、歴史の作用を正当に評価しているのか、と。後裔をそれ自体として研究するという事実は、その事実そのものによって、我々がその効力を免れている事態を必然的に含意するだろうか。それは確かではない。というのも、歴史の仕事を「客観化」していると自負する解釈は、それ自体歴史のいわば地下作用の成果である先入観および客観性の理想（この場合は実証主義）の名においてなされているからである。ガダマーの見解では、この歴史作用の客観化——不可能な努力である。なぜならそれは、歴史作用の課しているあらゆる決定からの自由を自負することであるから——よりも、次のように認めることの方が重要なのである。すなわち理解というものはすべて、作品そのものから発出しながら、理解が常に部分的にしか意識していない歴史作用のうちに書込まれる、と。

ガダマーの哲学的意図のすべては、この歴史の仕事についての適切な意識を発展させることにある。まず必要になり得るのは、ハイデガーやブルトマンにおいてと同様に、意識に固有の解釈学的状況を明らかにするために、それがその直中に位置している歴史の作用を明るみに出すべく努める意識である。それは歴史研究の直中においてはしごく正当であるが、そのような解明の限界を意識することもまったく同じように重要である、とガダマーには映る。歴史による仕事は、我々がそれについてもつ意識を超えて我々の意識を規定し続けているからである。そのすべての決定から、終りを有する意識が自由であることは決してあるまい。したがって「歴史作用の意識」とは、『真実と方法』第二版の序文が明言しているように、本質的で意図的な両義性によって、同時に一、歴史によって彫琢され作用を受けた意識、そして二、この決定された存在の自覚、またこの決定された存在が、自身にとって完全に透明な意識という理想に強いている諸々の限界の自覚、を意味している。(4) ガダマーの希望は、まさに自らの本質的な終結性の承認ということであり、それによって意識は他者へと開かれ、新たな経験に自己を開くべく促されることになるのである。

五　諸々の地平の融合とその適用

自らの終結性に気づくこの意識の尺度で判断すれば、理解は主体の活動としてよりも歴史のなす仕事に属する出来《しゅったい》として見えてくるだろう。

理解することはそれ自体、主体性の行為というよりも、そこにおいて過去と現在とが絶えず互いを媒介し合う伝統の或る事件への挿入と考えられなければならない。それこそが、手続きと方法とい

う思想によって支配されすぎている解釈学理論において、認めさせなければならないことである。(5)

この過去と現在との絶えざる媒介は「諸々の地平の融合」というガダマー思想の根本にある。過去を理解するとは、過去の地平へと自己を置換えるために、現在の地平およびその先入観から外に出ることではない。それはむしろ現在の言語《ランガージュ》で過去を翻訳することであって、そこにおいて過去の地平と現在のそれとが融合するのである。そのとき融合は見事に成功して、過去に属するものも現在に属するものももはや識別できなくなるのであって、そこに「融合」という考えは由来する。けれどもこの現在と過去との融合はまた、より根本的に解釈者と彼が理解するものとのそれでもある。芸術の経験が我々に教えていたように、理解とはきわめて融合的な経験であるために、客体に属するものと理解する主体に属するものとをもはやほとんど区別し得ない。そのとき両者は主体と客体との成功した出合いの中で「溶け」合うのである。我々はそこに、真理の古典的な定義を構成するところの事物と知性の適合(adaequatio rei et intellectus)のガダマー版を認めることができる。

現在との融合があるとすれば、それは理解が常に適用の部分を含んでいるからである。解釈者が理解するとき、彼は自分の何かをそこに持込む。けれどもこの「自分の何か」は、まったく同じくらい彼の時代の、彼の言語活動《ランガージュ》の、そして彼の問いの何かでもある。我々は常に我々の時代のしばしば感知されないほどかすかな問いから発して作品を解釈している。理解するとはしたがって、ある意味を現在に「適用する」ことである。ガダマーはここで、十八世紀の敬虔主義[*2]において依然として解釈学の本質的な任務の一部を成していたかつての「適用する巧妙さ」(subtilitas applicandi) を援用している。牧師にとってこの適用は、聖なるテクストの理解を信者たちの現実の状況に適用することに努めるホメリア[*3]で行われるのであった。ガダマーは、理解とはある意味の現在への適用に他ならないと主張することによって、それに前例のない広がりを付与する。彼はそこで、客観性にとっての脅威と見なすがゆえに「現在」の介入を排除させる方法的で再構築的な理想――シュライエルマッハーやディルタイのそれ――に対立するるのである。ガダマーは自問する。我々は自ら理解の一部を成すことなく、また現在が含まれることなく、本当に理解することができるのだろうか、と。

翻訳こそは、ガダマーが適用という語で意味していることの見事な例を提供してくれる。あるテクストを翻訳するとは、それを別の言語《ラング》で話させることである。[ある外国語のテクスト(A)を我々の言語(B)に翻訳するとしよう]。そのとき、我々の言語(B)の表現資材が[別の言語(A)のそれに]適用されることになるのは言うまでもない。異言語(A)の意味は我々の理解できる言語(B)でしか表現され得ない。別の言語への意味の置換えによって、翻訳されたテクスト(B)は、それが翻訳せんとするテクスト(A)と(最善の場合には)融合されるに至る。それに、人が翻訳を読んでいるという感情を抱かなければ、翻訳はよりいっそう成功している。そのことからとりわけ、適用にはそれに特有の厳格さと真実さが伴うことが分かる。あるテクストをどんな風にでも翻訳できるわけではない。翻訳するのは異言語のテクストであるが、それは我々の言語の表現資材を適用することによってのみ可能である。したがって、解釈者による適用を主観的な恣意性の形に結びつけるのは誤りである。この翻訳のモデルには並々ならぬものがある。というのは、それはあらゆる理解の「言語的」要因を出現させるからである。『真実と方法』はそれについての考察で完成されることになる。

六　解釈遂行の対象にして要因である言語活動

理解するとは、意味を翻訳すること、もしくはそれを翻訳し得ることである。この翻訳は意味の言語化を含意している。ガダマーはそこから、理解の過程とその対象は本質的に言語にかかわるという結論を引出す。そこには二つのテーゼがある。第一は、理解とは常に「言語活動の」過程であるということである。否定の形で言えば、ある意味で言語化ではない理解なるものは存在しない。理解するとは、ある意味によって問質《といただ》されることであり、それを常に必然的に我々のそれである言語に翻訳できることである。そこには理解の過程とその言語化との融合がある。ガダマーの思想は、言語活動とは、それに先行してそれなしでも展開され得るがごとき知性的な過程の翻訳、つまり二次的なものではないという点にある。否、思考たるものはすべてすでに言語の探求である。言語活動なしに思考は無い。しかし、それこそは自明の理でありながら、西欧思想は、自律的な思考に対して言語活動には二次的な身分しか与えないことによって、プラトン以来それを頑なに見過ごしてきたのであろう。ガダマーは西欧思想のうちに、全西欧の伝統を擦抜けてきたかと思われる言語活動の忘却を告発する。彼はそこにただ一つの例外しか認めない。すなわちアウグスティーヌスによって垣間見られたところの思考（ロゴス）とその言語的表出（その受肉）とのあいだの根本的な「本質の同一性」という思想である。

この理解の言語活動は、理解され得るすべての存在を包括することができるのであり、したがってそれに固有の展望（一言語のそれとかある特定の共同体のそれ）に限られはしない。「我々の世界経験の言語的条件は、他の展望を除外するような遠近法主義[*4]を意味しない」[(6)]。それゆえ力点は、我々の理解の言語的な性格が引込む遠近法主義的な限界にではなく、まったく逆に、それがもたらす開きに置かれる。対話から始めて理解される言語活動は、理解することの可能なすべてのものへと、また我々のそれを拡大することになる別の言語活動の地平へと開かれ得るのである。翻訳および対話は原則として常に可能である。その意味は、我々の言語活動には限界が無いということではない。我々の言葉はしばしばとても無力で、我々の感じているすべてのことを表現することはできない。けれどもそのとき言語の限界は我々の理解のそれでもある。言語活動の限界に対するすべての批判はそれ自体、言語活動の直中でしかなされ得ない。こうして言語活動は、人がその能力《コンペタンス》に対していかなる異議を申し立てようと、それを呑込んでしまう。それゆえガダマーは言う。言語活動の普遍性は、理性の普遍性と一対《いっつい》を成している(7)、と。後者はそれ自体理解され得る言語において分節され、それが無ければ考えられないままにとどまるのである。

だが、言語活動の理解され得るすべての意味への開きを指示するために、それの普遍性とそれによる対話の理性性ということを語り得るとすれば、それは、言語活動とは存在そのものの光だからである。そこにガダマーの第二の大きなテーゼ、すなわち、理解の完遂とは一つの言語活動化であるのみならず、理解の対象がそれ自体言語活動に属する、は由来する。これがガダマーの有名な金言「理解されうる存在とは言語活動である」の意味である。もちろんそれはテクストについては自明であるが、ガダマーによれば、私の理解する世界とは常に言語活動を軸にした世界なのである。世界は常に「言語において」しか私に現れることはない。この壁、この医者、この不安は、まず物理的な現実として私の視線に提示され、次いで私はそれらに名称を結合するのではない。そうではない。私が見ているのはある壁であり、ある家であり、私を窒息させているある不安である。理解され得るすべてのものは、言語で分節される存在者である。私が何らかのものについてそれが何であるかを理解しようと努めるとき、私は、すでに言語である存在者、言語であるがゆえに理解され得るある存在者を探し求めているのである。

絶対に知らなければならないのは、ガダマーの強調することは、言語活動を「世界観」とするフンボルト［一七六七―一八三五年］の考え方とか、それを我々の世界把握の「象徴形式」とするカッシーラー［一八七四―一九四五年］のそれにおけるように、主体による世界の言語活動化には出会わないことである。ガダマーの中心思想は、もっと根本的に、言語活動こそが世界の存在を浮き立たせるという点にある。というのも、それによってこそ事物それ自体の言語活動の開陳は可能になるからである。こうして言語活動は、「存在の光」を受肉しているのであって、そこにおいて事物の存在は了解すべく与えられているのである。

近・現代思想に影響されすぎた解釈者たちは、このガダマーのテーゼの射程を必ずしも正しく把握しなかった。彼の意図は、現実は（例えばある言語《ラング》の、もしくは歴史上のある文化のそれのような）言語活動《ランガージュ》によって常に専有されていると言うことではなく、したがってまた存在自体は認識され得ないと言うことでもない。反対に彼は、言語活動こそが我々に事物の存在を知らしめる、と言うのである。ガダマーは、（フンボルトやカッシーラーの、しかしカントに遡る）近・現代思想を厳しく批判している。その思想によれば現実は、我々の言語活動、我々の世界観あるいは我々の諸々のカテゴリーからしかその理解可能性を受取らないというのである。当初意味を欠いているとされ、ひとえに言語活動から一つの意味を受取るという対象の世界に、意味の付与者である主体が「向き合って」いるのではない。ガダマーはここで、言語活動を主体の手のうちにある道具と見なす唯名論的で道具主義的な考え方を告発しているのである。

言語活動はすでにして事物の存在そのものの分節である、とガダマーは主張する。それは我々が意のままに使う道具ではない。むしろ、存在と理解とがその中に浸っている普遍的な要因なのである。言語活動の——意味の、存在の、そして理解の——次元が有するこの普遍的な要因によって、解釈学には普遍性への主張を掲げる資格が与えられる。解釈学はそのとき、人文諸学についての考察という地平を超えて、我々の世界経験および世界そのものの言語活動的な性格に関する普遍的な哲学的考察となるのである。

第六章　解釈学とイデオロギー批判

一　方法論にかかわるベッティの反撥

ガダマーの解釈学は、その歴史作用の考え方を経験的《ア・ポステリオリ》に確証することになって、激しい哲学上の討論を引き起こし、それが歴史作用の意味と射程とを浮かびあがらせることに寄与した。最初の反動は、一九五五年の大部な『解釈の一般理論』（ヂウフレ社、ミラノ）において解釈学の厳密に方法論的な考え方を提示していたイタリアの法学者エミーリオ・ベッティ（一八九〇―一九六八年）から起こった。その考え方はシュライエルマッハーおよびディルタイの伝統のうちに位置していたのだが、ベッティの堂々たる総合は、二人の偉大な先駆者の素描がそうであるよりも、もっとよく詳述され階層化されていた。一千頁に及ぶ『一般理論』は恐らくあまり読まれなかったが、ベッティは自分の思想の要点を概説する二つの論争的な小冊子をドイツ語で書いていて、それらはより大きな反響を呼んだ。すなわち一九五四年の『解釈の一般理論の創設』と一九六二年の試論『人文諸学の一般的な方法論としての解釈学』である。(1) 前者においては無論まだガダマーは問題になっていないが、著者はすでにそこで、前理解に解釈の条件を見たがったハイデガーとブルトマンの「異端的な」学説を攻撃している。前理解は正確な理解に資する以上にこれを害すると考える古典的な学説をベッティは熱烈に擁護する。ハイデガーが解釈と理解とのあいだの自然な目的論的関係を、前者を後者の展開と見なすことによって転倒させている、と非難するのである。

一九六二年のエッセーは、予見され得た攻撃の方針にしたがって『真実と方法』への最初の重要な反論を突付ける。けれども、そのおかげでガダマーは自らの解釈学の意味を、その答弁、わけても『真実と方法』第二版の序文および一九六五年の論文「解釈学と歴史主義」(2) において明確にすることができた。特にベッティはガダマーの擁護する適用の考え方を非難していて、作品の意味作用《シニフィカシヨン》(Bedeutung) つまり著者の観点からする始原的な意味作用と、現在の解釈者にとって作品が取り得る「意味形成《シニフィアンス》」(Bedeutsamkeit) との混同の廉《かど》で苦情を述べる。彼にとっては、解釈学の本質的な任務はある意味を現在に充てること――それは主観主義に通じかねない――ではなく、著者の意図を再構築することなのである。ベッティは、ガダマーが提案しているかと見えた「解釈学的な方法論」、つまり方法を捨てて自分自身の先入観を頼ることに存するような方法論を糾弾する。明らかにベッティは考えていた。ガダマーが解釈学について恐らく自分と同じ方法論的な考え方をもっている、と。

ガダマーはそこで自分の真の意図が誤解されていることを知った。それは新たな方法論、特にベッティが彼に帰している意図を提案することではなく、依然としてあまりにも精密科学の支配下にある方法論の枠組みをまさに超えようと努めている人文諸学の真理の経験へと考察を導くことであった。彼は、過去の意味作用は、作品が我々にとって〔現在〕有し、かつ歴史作用を受けるにつれて獲得してきた意味と無関係に真に理解され得るかどうかを問うことによって、（始原の）意味作用と（現在の）意味形成とのあいだの区別の射程を弱めていたのである。

けれども別の討論のおかげで、解釈学はもっとよく知られるようになった。ガダマーをハーバーマスに対立させせた討論である。

二　ハーバーマスのいわゆるガダマーの寄与

一九六〇年代のあいだに、ユルゲン・ハーバーマス（一九二九年生まれ）は、ガダマーが人文諸科学のために為したのといくぶん似て、社会諸科学に特有の真理の寄与を正当なものとすることを試みる社会科学の論理に専念していた。その堂々たる『社会科学の論理』（*Logique des sciences sociales*）（一九六七年）

は、まずは、ガダマーの発行する雑誌『哲学の展望』（*Philosophische Rundschau*）に掲載された記事である。それに一九六一年には、ガダマーは若きハーバーマスがフランクフルトで困窮しているのを知って、ハイデルベルク大学教授のポストを託し、彼を庇護の下においたのであった。

『社会科学の論理』は、社会諸科学の認識論へのいくつかの主要な貢献を詳しく批判的に点検する形を取っている。フランクフルト学派の出身であるハーバーマスには、これらの学問は「解放をもたらす」認識への興味でもって生気を得ていて、それによって現存の社会を批判する資格を得ているということを示す意図があった。ハーバーマスはなかんずく、自らの学の純粋に実証主義的な考え方に屈している社会学者たちと闘う。彼らによれば、社会諸科学は測定可能な経験的所与にかかわるというのであって、その成果はいっさいの認識上の意義を欠くことになるのではあるまいか。というのも、こうして彼らの客観性についての自負は危機に瀕するであろうからである。社会諸科学の認識タイプの正当化に際して、ハーバーマスはガダマーから想を得ることができたのだが、彼を批判する必要もあった。二人の思想家のあいだの連帯よりは批判の方が恐らくもっと有名なのだが、彼らの基本的な一致を思い起こしておくべきである。すなわち、

一、ハーバーマスはまず、「伝統的な人文諸学がそれ自身について有している客観主義的理解」についてのガダマーによる批判と全面的に連帯する。

解釈に取りかかる学者（homme de science）は、自分の解釈学上の出発点につながれたままなので、その結果、理解の客観性は先入観を括弧に入れても保証され得ない。それは、はるか以前から認識主体をその対象に結びつけている伝統の歴史的文脈についての反省によってのみ保証されるのである(3)。

ハーバーマスはそこから次の訓戒を引出す。すなわち、社会の研究者は、自らがその一部を成すところの対象と関係しているため、その研究を方向づけるところの、彼によれば解放をもたらす先入観の意識を得るなら、それで万万歳である、というわけである。

二、ハーバーマスはまた、言語活動についてのガダマーの考え方から多くを学んでいる。明らかに人は、社会的振舞いがそこにおいて分節され理解され、しかしまたそれ自体自己反省もする言語活動を捨象すれば、この社会的振舞いを理解することはできない。けれども彼はガダマーのうちにさらに重要な何かを発見したのである。特に言語活動とは「言語ゲーム」というヴィトゲンシュタイン〔一八八九—一九五一年〕の理論（これをハーバーマスはガダマーの助けを借りて批判する）におけるように閉じられた世界を構成するのではないとする思想を、である。言語活動にはむしろそれ自身を超える能力が付与えられている。その証拠に、ガダマーが示していたように、常に異質の意味の内容を翻訳することができるのである。こうして言語活動はあらゆる可能な意味の地平へと開かれ得るのであり、与えられた言語的枠組みの限界を乗越え得るのである。「言語活動の円環は単子のようにそれ自身のうちに閉じられてはおらず、多孔性をもつ。つまり内に向かってと同じように外に向かっても開かれているのである」[4]。外に向かって、というのもそれはあらゆる外的な内容を迎え入れそれを翻訳できるからである。けれどもまた内に向かって、というのも言語活動はその言語に固有の表現を超越し、それに陰影《ニュアンス》を施し、理解されなければならないことのために新たな表現を見出すことが可能だからである。この開放はハーバーマスの見解では、言語活動そのものに内在する理性性の潜在力を証拠立てている[5]。彼は後に言う。言語活動がそれ自身を超越できる限りにおいて、理性はその中に確固として在る、と。ハーバーマスの解釈学とは、ガダマーのそれの一体どれほど印象的な受容であり、かつ応用であることか。けれどもそれは厳しい批判を伴ってもいる。

三　ハーバーマスによるガダマー批判

ガダマーがある与えられた言語の限界を超えることのできる「コミュニケーションの理性性《ラシオナリテ》」の潜在力を発見したとすれば、彼は、ハーバーマスによれば、理解が特定の共同体を支える伝統ないし先在する協約の上に築かれるとの主張によって、自分の発見の重要性を曖昧なものにした、と言う。ところで、この先在する協約を「イデオロギー批判」によって超えることは可能である。彼の意図はまさに、「組織的に歪められたコミュニケーション」の形態としてのある特定の社会ないし集団の支配的イデオロギーを疑問にさらすことだからである。「歪められた」というのも、そこにおいてコミュニケーションは、対話者間の分り合いという本来の目的から逸脱させられているからである。したがってこの批判は、恐らく非現実的なしかし理想的なコミュニケーション状況の名のもとに進められる。けれども、すべての言説行為がコミュニケーションへの意志によって動かされているというのが真であれば、この状況がそこにおいて予想されていることに変わりはあるまい。精神分析医が患者におけるコミュニケーションの拒絶を診断できるのと同様に、社会の臨床医は「偽りの意識」の一形態としてある特定の社会を支える疑似コンセンサスの仮面を剝ぐことができる。けれども、ある与えられた共同体に先在する協約を問題にするとすれば、我々は解釈学の場を離れて、「イデオロギー批判」のそれの中に入ることになると思われる。考察の仕事のおかげで伝統の枠から離れることによって、それは規範的な参照体系[6]を練上げるであろうし、それは伝統への無反省的な帰属を揺るがし得るのではないだろうか。再び精神分析が確認してくれるように、考察によって意識に運ばれた伝統は、我々を決定してしまうことをやめるのである。こうしてハーバーマスは、「文化的な伝統を絶対的なものにまつり上げている[7]」とガダマーを非難するのである。とはいえ、ハーバーマスの批判をもっと仔細に検討すれば、我々は彼が「ガダマーとともにガダマーに対抗して[8]」思索しようと努めてもいると分かるのである。というのも、彼はまさにガダマーの言語活動についての思想およびその自己超越の能力を、伝統についての同じくガダマーの思想へと向け直しているのだからである。

それにしてもガダマーにおいて、文化的な伝統の絶対化を本当に語ることができるのであろうか。それは確かではない。ガダマーは、ある与えられた言語や状況のいわば「イデオロギー的」限界を超越することは可能である、と完全に認めている。そもそもそれは、ハーバーマスが彼の言語活動の考え方に認めている大きな功績ではないだろうか。そのうえガダマーは『真実と方法』においてすでに、伝統の権威は何ら権威的なものをもたず、承認という行為および理性の行為に依存していると力説していた。[9]というのもそれは何より優越性の承認だからである。したがってガダマーにおいて重要なのは、伝統を絶対的な基準とすることでは決してない。それにガダマーは、「修辞学、解釈学およびイデオロギー批判」という示唆に富む標題のハーバーマスへの返答の中で、それを繰り返している。曰く「私には、文化的な伝統をここで絶対的なものにしていると批判するのは的外れである、と思われる[10]」と。

意見の対立はむしろ次の二点を知る問題にかかわる。すなわち、イデオロギー批判の名においてある特定の伝統の限界を超越するならば、人は真に解釈学の領界の外に出るのか。また反省による伝統の意識化は伝統による決定を完全に停止させるのか。

反省がしばしば「ねじ曲げられた」伝統の力を砕いたり停止させたりできることに異論の余地はない。自分が歪曲させる先入観の犠牲になっていると気づくなら、それが反省的なものとなった瞬間から、それは私を麻痺させることをやめ得る。ガダマーはそれもまたはっきり認めていた。彼はこう書いていたのである。解釈学の批判的な任務は、物事に合致した先入観を練上げることである、と[11]。ただし、だからといって反省は、伝統への帰属を全体として解消するわけではない。伝統の批判的な考察そのものが歴史作用のうちに書込まれている。たとえ私が明白に自覚していないとしても、私にはある伝統はもう一つ別の伝統から発してしか問題にすることはできない。ある伝統の問題化は、歴史作用に依存しないであろう「参照体系」によってなされはしないからである。

それゆえガダマーは、文化的な伝統の限界を超えることの可能性を認めるにしても、現存する協約の乗越えが、社会の「病理」を診断できると自負するイデオロギー批判というアルキメデスの点[*1]からなされ得るということは疑うのである。この精神分析学モデルの社会病理学への移し換えは、ガダマーの目にはきわめて覚束ないと見えるのである。精神療法医の役割は社会学者のそれとは大いに異なる。精神分析による治療においては、我々は間違いなく臨床医の定評のある能力を請い求める病人を前にしている。けれども、社会の一部が根本的に「病んでいる」と言張って「社会臨床医」の能力を横取りするのは、社会の研究者としては不遜ではないだろうか。そこに承認済みの患者と治療能力とがあるだろうか。

したがって、我々はイデオロギー批判に専念するとしても解釈学の領域を離れるわけではない。現存する合意の超克は、自己を確信しかつ伝統からの離脱をもって自任するイデオロギー批判の参照体系から出発してなされるのではない。それは、参加者たちが自らの限界に気付いてより優れた知解に達するときに、常に解釈学的な理解と対話そのものの直中《ただなか》で遂行される。考察はそれ自体一つの「理解」であり理解され得る言語の中で展開されるのである。それゆえ依然として解釈学に属し、伝統の生起のうちに書込まれるのである。

ハーバーマス自身が、多かれ少なかれ意識的であって、多かれ少なかれ考察によって溶解されるある伝統の直中に身を置いている。それにそのことを示す最良のやり方は、ハーバーマスによる批判の背景を明らかに形成していた政治的・社会的な文脈を一世代以上の距離をおいて想起することである。つまり一九六八年における学生の反乱のそれであり、伝統を根拠にしたあらゆる権威に対する闇雲の問題化である。あの重い政治的文脈の中でガダマーは、（自分では決して望まなかったし自任することもなかった）「保守主義者」としか見られなかったが、それに対して他方のハーバーマスはマルクス主義的なイデオロギー批判および精神分析の解放する力を標榜して、進歩主義者という得な役回りを自ら演じていたのである。考えれば、これこそは目に余る皮肉であった。イデオロギー批判の観点を最も熱烈に擁護していた人物こそは、ひょっとしたらその言説が最も明白にイデオロギー化された人物であった、という事実である。ずっとのちにガダマーがつぶやくように、イデオロギー批判に恐らく欠けていたのは、ほんの少量の同じ批判を自己のイデオロギーから始めることだったのである。[12]

ハーバーマスは自分なりにそのことを認めていたのであろう。ガダマーとの華々しい討論の後で、彼は次第にイデオロギー批判のレトリックと社会の次元へと拡大されたその精神分析の観念とを放棄して、『伝達的な振舞いの理論』（一九八一年）の錬成にすべての努力を捧げた。その核心は、言語活動の有するそれ自身を超越する能力に基づく言説の倫理学であって、稀に見る解釈学的な直観である。というのもそれは、言語活動はまず他者との分り合いを目指すとするガダマーの思想に依拠しているからである。ところでこの分り合いの狙いは、ハーバーマスが正当にも主張しているように、対話者たちにおけるある一定の倫理的な黙約なくしては考えられない。じっさい、それはある種の相互性と信実さとの理想、そしてより良い方の議論の力に服する意志とを前提にしている。晩年のハーバーマスは、これらの規範の根拠を、もはやイデオロギー批判や理想的なコミュニケーション状況の予想にではなく、もっと言語活動のプラグマティックな使用の上に据えようと努めることによって、再びガダマーに近寄ったと言うことができる。

第七章　ポール・リクール——解釈の抗争を前にした歴史的自己の解釈学

一　枝分れした行程

　ガダマーおよびハーバーマスの寄与の後でリクールのそれに接近することほど不当なことはない。我々がそうすることに決めるとすれば、それはリクールが、ガダマーとハーバーマスの思想を和解させる試みをもとにして、自らの解釈学上の発言の一つを築いたからに他ならない。[1] けれども彼はそこで、解釈学とイデオロギー批判のあいだの抗争を、信頼と不信という二つのタイプの解釈学の区別に結びつけたのであった。彼はそれら二つを、ガダマーとハーバーマスのあいだの有名な対決よりもずっと前から区別していた。リクールの思想、そして恐らく彼の解釈学の根本的な思想はそれら二つの解釈学を同時に考えなければならないという点にある。一つは、方向づけを待っている意識に与えられるがままの意味を占有する解釈学、もう一つは直接的な意味の経験を引き離してこれをもっと内密の組織《エコノミー》へと導いてゆくそれである。

リクールはガダマーとはまったく別の経路をたどってこの思想に至った。それはガダマーのそれとはまったく無関係でさえある。その基礎は、一九五〇年代および一九六〇年代に出版された『意志の哲学』(*La Philosophie de la volonté*)(一九五〇年、一九六〇年)、『解釈論』(*De l'interprétation*)(一九六五年)、『諸々の解釈間の抗争』(*Le conflit des interprétations*)(一九六九年)のような諸作品において築かれていて、そこにガダマーの痕跡はまったく感じられない。加えてリクールの後の著作においても、それは依然としてかなり控え目である。けれども両者はいずれも同じ解釈学の伝統、シュライエルマッハー、ディルタイ、ブルトマンおよびハイデガーから、様々な程度に、また異なる意図をもって想を汲んでいる。ガダマーは確かにディルタイに対してもっとずっと批判的であり、ハイデガーにもっと近いのであって、その普遍的な解釈学はこの学の方法論的なパラダイムを凌駕しようと努めている。リクールはといえば、解釈学の方法論的で認識論的な問題系に別れを告げようとしたことは決してない。したがって彼はディルタイにより近いと言うこともできようが、それでは単純化しすぎる恐れもある。

じっさいリクールの道のりははるかに複雑でいくつかの別の源から発していて、多分ガダマーほどにただ一つの解釈学の伝統に還元されないのである。それは一九四七年から二〇〇四年にかけてほぼ六十年の期間にわたる何冊もの大部な本の制作に沿って展開されてきた。それに対してガダマーの解釈学はただ一冊の本に集約されていて、これはリクールの解釈学よりもっと体系的な理論を提示しているし、恐らくより多くの重要な解釈学論争を引起こした。リクールの著書は豊かな多様性に富む諸学に関心を示している。つまり実存哲学――彼はそこから出発していて、その点ではハイデガーによりもガブリエル・マルセル〔一八八九―一九七三年〕やカール・ヤスパース〔一八八三―一九六九年〕のような著作家たちにもっと近かった――、歴史認識の理論、聖書解釈、精神分析、言語理論、行動理論、時間や記憶や認知の現象学、物語論および倫理学である。リクールはそれぞれの著書において、この上なく多様なアプローチを和解させることに努める壮大な歴史的フレスコ画を素描している。この思索の密かに「ヘーゲル的な」特徴である。とはいえ、全体化する総合という考え方には抵抗する。（『時間と物語』（*Temps et récit*）のある重要な章のタイトルは、生《せい》の非完成性および人間の終結性の名において「ヘーゲルを放棄」しなければならないと告げているのである）。豊かさとは裏腹に、彼の解釈学の概念の核は時として絞り込み難いと思われかねない。単一性がこの解釈学思想の提起する唯一つの問題なのである。けれどもそれはごく相対的な問題にすぎない。というのもそれは過剰による事態だからである。

だがまごうことなく単一性はある。それはリクールの道のりにおける最初のいくつかの推力から発して理解することができる。それらはフランスにおける内観哲学の伝統の中に求めなければならない。すなわちラヴェッソン〔一八一三―一九〇〇年〕、ラシュリエ〔一八三二―一九一八年〕およびベルクソン〔一八五九―一九四一年〕へと遡り、ナベール〔一八八一―一九六〇年〕やマルセルのようなリクールに近い著作家たちの引継いで来た伝統である。内観哲学は、ソクラテス〔前四七〇—前三九九年〕の「汝自らを知れ」およびデカルト〔一五九六—一六五〇年〕による省察の伝統において、私《エゴ》の自己省察から出発する。リクールはきわめて早い時期にこの伝統に惹かれて、ヤスパースの実存主義や、フッサールの現象学——自己の経験を解明しようと努める「超越的自己《エゴ》」へと傾斜する——へと向かった。

　リクールは実存の哲学とそれによる倫理的問題系の先鋭化——そこでは主体は自己自身にとっての任務と見なされる——に魅了され、まずその『意志の哲学』（一九五〇年）第一部で、フッサールの現象学的分析を意志の現象へと広げた。そこには解釈学はほとんど不在であるが、第二巻『終結性と有罪性』(*Finitude et culpabilité*)（一九六〇年）そしてとりわけその第二分冊『悪の象徴体系』ではそれが力強く現れている。そこにおいて、彼自身の「解釈学的迂回」ないし後に彼自ら認めるところの「解釈学の現象学への接木」が始まるのである。

　その根本的な動機は、私《エゴ》は内省によって直接に認識されうるものではなく、悪の問題に意味を与えようとしているいくつかの大きな象徴（アダムとイヴ、ヨブ、オルフェウス教[*1]など）の解釈という間接的な方途によってしか理解され得ないという点に存する。後にリクールが彼による「解釈学の最初の定義」と呼んだものによれば、解釈学は「当時は、それら自体二重の意味をもつ表現として了解されるいくつかの象徴の解読として明示的に構想されていた[2]」。この展望からすれば解釈とは、「現れている意味のうちに隠れた意味を解読し、文字通りの意味作用のうちに含まれた意味作用の様々のレヴェルを開陳することに存する思惟の働き[3]」なのである。

それが彼における「解釈学的迂回」の当初の意味であって、ハイデガーやガダマーのそれとは大いに異なっている。様々な経験の「対象にかかわる」側面を経由する迂回の着想はナベールによって彼にもたらされたとしても[4]、解釈学という用語は、ディルタイとブルトマンを参照している。この両者にとって、解釈学とは文字によって定着された生《せい》の示す様々の表出の解釈理論なのであった。

もちろんリクールはハイデガーがディルタイを超えたがっていたことを知らなかったわけではない。けれども彼は常に、ハイデガーにおける解釈学の「存在論化」に、言いかえれば解釈学と実存の根本的な成就との混同に抵抗したかったのである。その「存在論の激越さ」のせいで、彼に言わせれば、ディルタイの解釈学の認識論的な、したがって批判的な方向づけが見失われかねないからである[5]。

二　解釈学となった現象学

ハイデガーの解釈学に抵抗はするものの、リクール自身も現象学の「解釈学への転回」という考え方を擁護する。けれどもそれは、ハイデガーにおけるのとは別の意味をまとう。彼においてこの転回は、様々の現象や私《エゴ》そのものへの直接的な接近が不可能であるがゆえに正当とされるのである。彼にとっては、「解釈学が没落させたのは現象学ではなくその解釈の一つ、要するにフッサールその人による観念論的なその解釈である」[6]。解釈学が没落させたのはわけても、一、究極の基礎を軸とした科学性というフッサールの理想、二、諸現象への接近路としての直観の優位、三、デカルトおよびフッサールにおける主体のそれ自身への内在性の優位、四、それゆえ主体に認められる究極的な原理としての身分、そして最後に五、フッサールの現象学のただ中にある自己考察のいまだあまりにも理論的な考え方である。主体の意識化は無媒介的に自己に責任をもつ行為であるがゆえに倫理的な波及効果を発展させるのであって、リクールの続く行程は常にそれをいっそう深めることになる。

この批判を背景としてリクールの方は、自己認識の義務的な迂回として客観化の道を借りる解釈学的な現象学を発展させることを提案する。そこでは解釈学が現象学に資格を与えにやって来ていることに我々は注目する。ガダマーにおいてはいくぶん逆であった。彼の方は現象学的な解釈学、言いかえればそこから方法論の桎梏を取除くことによって理解の現象に立ちもどる解釈学を提案していたからである。それゆえ我々は、リクールにおいては現象学の解釈学への転回を、そしてガダマーにおいては解釈学の現象学への転回を語ることができる[7]。

解釈学による現象学の手直しを力説するとしても、リクールによれば、解釈学のなお現象学的な様々の前提を忘れてはならないのである。第一には、「何らかの存在者にかかわる問題のすべては、この存在者の意味についての問題である」という前提である。けれどもこの意味はまずは覆い隠されているし不透明であって、解釈学的努力によって明るみに出されなければならない。「意味に向けての選択は、それゆえ解釈学すべての最も一般的な前提である」。ただしそのことは、「超越的な主観性は、それがその方向へと向かう意味に対して至高の支配権を有するということを決して含意しない。逆に、現象学は反対の方向に、つまり自己意識に対する意味の優越性の方に引寄せられ（得る）のである」[8]。第二の現象学的前提は、解釈学は「距離を置く[*2]」経験の権利を認めなければならないという点である。すなわち、意識はまずその意味への帰属によって特徴づけられるが、この意味は隔てられかつ解釈されうるのである。第三に、解釈学は、フッサールと同様に、意味と事物に対して言語の秩序から派生する性格を認めなければならないということである。ここでリクールはガダマーから遠ざかるように見える。だがそれは全面的に真ではない。というのもガダマーもまた、ハーバーマス風に言えば、すべての事物に開かれていてそれ自体を超越しうる言語活動の本質的な「多孔性」の考え方を擁護していたからである。リクールはそこから、言語の秩序は自律的ではなく、それは世界経験へと送り返すという結論を引出す。けれどもこの経験は、様々の客観化される意味の解釈に没頭する解釈学を媒介することによってしか与えられない。

三　解釈間の抗争、あるいは信頼と不信の解釈学

だが、客観化される意味をどのように解釈しようか。それはいくらかは古典的解釈学の問題であったが、まさにそれがリクールの問題となる。人は、聖書解釈の基本的な方向と思われるもの、そして一九六〇年の『悪の象徴体系』における解釈学的迂回において彼がなお依拠していたものに従って、与えられるがままの意味に無媒介的に身を委ねることができるだろうか。これほど鋭く問題が提起されるとしたら、それはこの著書を書き終えた後でリクールが、意味のこの素朴な読みをまさしく問題化するところのもっと縮限する別の諸解釈に自分が直面していることに気づいたからである。こうして彼は、一見両立し得ない二つの異なる形の解釈を浮彫りにすることになった。

一、第一のそれは、信頼「コンフィアンス」の解釈学あるいは「意味の黙想」に属する。それは理解に提示され意識を方向づけるがままの意味を取り受ける。そこにおいてより深い真実が開示される意味である。それを探究することは増幅する解釈学に属している。リクールはそこで意味のもちうる合目的性

を語っている。聖書解釈と意識の現象学とをその範例《パラダイム》とするこの解釈学は、ディルタイがそれに与えていた充全な意味において意味の理解に専念する。それは様々の可能的な意味と表現の背後を理解することで与えられる生きられたものへと開かれている。

二、けれどもそれには、自ら提供してくるがままの意味を警戒する——というのもそれは意識を欺くかもしれないのだから——不信〔スープソン〕の解釈学が対置される。真実として現れるものが有益な誤謬、嘘ないし歪曲にすぎないこともあり得るのであって、疑惑《スュスピション》の解釈学はその地下の考古学を再構築することを目指すのである。この考古学はそれ自体イデオロギー的でも、社会的でも、欲動的でも、構造的でもあり得る。フォイエルバハ〔一八〇四―一八七二年〕、マルクス〔一八一八―一八八三年〕、ニーチェ、フロイト〔一八五六―一九三九年〕ら「不信の巨匠たち」、そして構造主義が擁護するのはそのような解釈学である。こうして信頼の、目的論的で増幅的な解釈学に縮限的な解釈が対置されることになる。それは理解にではなく、精密科学の説明モデルに喜んで想を汲む密やかで抑圧された機構へと導き返される諸々の意識現象の説き明かしに専念するのである。

内観哲学と実存主義から出発したリクールは、現象学および信頼の解釈学により近いのではないかと勘ぐられるかもしれない。実は必ずしもそうではない。じっさい、その一九六〇年代の数冊の本で、彼はとりわけ不信の巨匠たち、特に『解釈論』（一九六五年）ではフロイトに、『諸々の解釈間の抗争』（一九六九年）では構造主義に専念した。リクールはそこで疑惑の縮限的な解釈学を何ら否認せず、この上なく和解的なアプローチを推奨している。彼の指導理念は、素朴な意識の錯覚を打破したいならば、不信の学派の方に赴かなければならないという点にある。この破壊は意識にとって為になることが明白になる。というのも、そのとき意識はそれ自身をよりよく理解するに至るからである。もし自己が不信の解釈学において自己を見失うとしても、それは諸々の錯覚から解放されて自己自身をよりよく再発見するために他ならないからである。

このように解釈に関する二つの大きな戦略に同等の権利を認めることによってリクールは、解釈すべき「様々な客観化」と「意味の様々な構築」に関して鋭い感覚を自ら保持していることを証明する。それが彼をして、理解の存在論的解釈学にすべてを服従させようとするハイデガーの企てにも、(9) 同じく方法上の距離の優位性に異議を唱えるガダマーの試みにも抵抗させるのである。ガダマーにとって理解するとは、解読すべき客観化と対峙することではなく、意味によって捕えられ住まわれることである。ガダマーはそれゆえ意味とそれを理解する者とのあいだの融合を説いたのであった。この理解という事件をこそ解釈学は根拠づけることに努めなければならなかったのである。リクールの方はこの融合を警戒し、理解というものを一挙に諸々の客観化の前に位置づける。我々はそれらの客観化を、精神分析および構造主義の対象化するアプローチに助けられて解読するのである。けれども、それらのアプローチは最終的な勝利を収めることはできないのではないか。というのも、そのときにも相変わらず一つの意識がそれ自身をよりよく理解しようと努めているのであるから。この時期のリクールの大いなるモットーによれば、「より多く説明することはよりよく理解することである」。

四　テクスト概念に想をくむ、説明と理解の新たな解釈学

以上からリクールは、精密諸科学の説明と人文諸学の理解とのあいだにディルタイが設けた区別の知解を刷新する。けれどもリクールにおいて問題となるのは、二つのタイプの学を方法論的に区別することよりはむしろ、彼が次第に「解釈の解釈学的な迫持《アーチ》」と呼んでゆくものにおける意識の二つの補完し合う働き、つまり解釈学的な努力を構成する錯綜した作用の全体である。批判的な意識は、それが理解しそれが当然のごとく占有してしまう意味のもつ直接的な明証性を警戒しなければならない。意識は、この意味が意識の錯覚を告発する説明という汚れ落としの迂回によって遠隔化され得ることを受け入れなければならないのである。

リクールがハーバーマスを距離設定［異化］の解釈学に、そしてガダマーを帰属の解釈学に結びつけ

たがったことが分かる。これら新しい呼称のもとに不信の解釈学と信頼のそれを認めることは容易である。ガダマーが、理解について伝統によって伝えられた意味への帰属を強調するとすれば、イデオロギー批判はこの知解が恐らく秘めているイデオロギー化に対して警戒させる。したがってリクールのいわゆる反省的な解釈学的意識は、脱占有の解釈学の教訓を無視することなどはできまい。自らの錯覚から脱占有化された意識は、それ自身をよりよく占有しないであろうか。

この説明と理解の弁証法を深めることによって、一九七〇年代初頭にはリクールの道筋に、テクストの観念に結びつけることのできる一つの新しいテーマが現れた。それは彼の最初の解釈学思想の拡大へと導いた。解釈学はもはや単に両義的象徴の解読にたずさわるのみならず、理解を受け入れうる意味の全体——それをテクストと呼ぶことができる[10]——を相手にすることになる。それにしてもテクストはどのように解釈すべきなのか。ここでもまたリクールは、テクストをそれ自身のうちに閉じられた自己参照的な単一体と見なす構造主義および記号論（なかんずくグレマス〔一九一七年生まれ〕のそれ）によるアプローチから強い影響を受けた。それらの解釈を考慮に入れることは、解釈の迫持において必要な最初の段階を具現する、とリクールは見るのである。「構造分析の成功によって解釈学の新たな時代が開かれた。今や説明は理解が辿らなければならない道である」[11]。だが構造分析は単独ではあり得ないだろう。それというのも、テクストの世界は決してそれ自身のうちに閉じられてはいず、意識の住み得る世界を開くからである。そもそもテクストという観念そのものが読み行為へと送り返すのであって、そこにおいてテクストの世界は読者によって占有され、読者はこうして自己をよりよく理解するに至るのである。意味を拡大する解釈学は今や読みにおいて成就することになる。「テクストの解釈は、今や自己をよりよく理解したり、自己を別様に理解したり、あるいは自己を理解し始めさえする主体の自己解釈において達成される」[12]のである。したがって解釈学の本質的な任務は二重になる。すなわち「テクストの内的力学を再構築すること、（そして）私がもしかしたら住めるかもしれない世界の表象の中へと自己を外に向かって投げ出す作品の能力を復元すること」[13]である。

遠隔化する説明とテクストの世界を開陳する理解とのこの弁証法は、解釈学のより豊かな考え方へと導いてゆく。

新しい弁証法は、W・ディルタイが今世紀の初めに強く対立させていた二つの作用（説明と理解）を対決させていた。ところで、この抗争的状況の取扱いによって、解釈学についての私の以前の考え方は手直しを迫られたのだった。それは、それまで二重の意味をもつ表現として理解される象徴の観念と連帯したままであって、縮限する解釈と拡大する解釈とのあいだの競合のうちにその抗争的な様式を見出していた。文よりも大きな単位としてのテクストのレヴェルで開陳される説明と理解のあいだの弁証法は、解釈上の大問題となり、以後まさに解釈学のテーマとなり争点ともなっていたのである。[14]

こうしてリクールは『テクストから行為へ』(*Du texte à l'action*) において解釈学の次の定義を採用する。すなわち「テクスト解釈との関係における理解の諸活動の理論[15]」である。ここにおいてリクールをますます魅惑したのは、「テクスト」の概念が享受し得るほとんど無限の外延である。理解される余地のあるすべてのものはテクストと見なすことができる。文書そのものはもちろん、テクストのように読まれ得る限りにおいてもっぱら理解される人間の行為や個人ないし集団の歴史もまたそうである。そこから生じる思想は、人間的現実の理解はテクストおよび物語を通じて築かれるということである。こうして人間の同一性《アイデンティティ》は、本質的に物語的な同一性と理解されなければならない。一九八〇年代に展開される歴史上の物語の理論によって、内観哲学全体を導く問題、私とは誰なのか、に対する新しい答えをもたらすことが可能になるであろう。

五　歴史的な意識の解釈学

不信と異化の解釈学から出てくる自己が、砕かれたコギトであることはきわめて確実である、としばしばリクールは言う。この自己は完全な透明性の理想を放棄しなければならないが、意味の諸々の客観化、つまり人類の歴史によって伝えられた文学や哲学や宗教の偉大な「テクスト」――そこにおいて時間性についての人類の根源的な経験が形象されている――に基づいて自己を理解しないことはあり得ない。『時間と物語』（一九八二―一九八五年）の中で、ポール・リクールはこの新しい解釈学の考え方を提示した。それは、彼が自らの説明と理解の解釈学においてテクストの（そして読みの）概念に認めた新たな広がりの連続のうちに位置づけられるが、もっと直接的には我々の本質的な時間性の現象学に役立てられる。つまり自己は語りの形象の仲介によってしかその根源的で越え難い時間経験に意味を与えることはできないのである。「砕かれた」――かつそのことを知っている――「自己」はそのとき、自分の謙虚な、けれども自分の固有の世界を象《かたど》り直す現実的な「能力」に気づくことができる。リクールによる語りの解釈学は、二つの側面を敢然と強調することになる。一つは、全体化する理解にそれ自身で到達することは決してない人間の条件の悲劇的な性質であり、もう一つはまったく同様にこのアポリアに対する人間の返答、つまり能力ある人間としてそれでもなお彼に帰属する主導性の分け前である。『時間と物語』の最終巻で、二つの契機は「歴史的な意識の解釈学」において交錯する。この表現はガダマーとその歴史作用の意識の解釈学という考え方を想起させずにはおかない。そこにおいてリクールはガダマーに、「過去によって作用を受ける存在」を正当に強調した功績を認めている。「我々は、歴史の受動者であるのと同じ程度でしかその能動者ではない」。それというのも、「我々は決して絶対的な刷新者の地位にではなく、常にまず後継ぎの状態にある」からである。この条件はまず、ガダマーにおいてもそうだが我々の言語活動の条件に起因する。「言語は、大いなる制度――諸々の制度を基礎づける制度――であって、それは何時《いつ》をとっても常に我々の各々に先んじてきたのである」。我々は話す存在者として、構造論のアプローチが強調するように言語の体系《システム》にのみならず、「すでに言われ、聞かれ、受けとられた事々」にも依存している。我々が体験するがままの世界は、したがってまず受けとられているところの或る言語において、かつ同じく受けとられている歴史的な同一性《アイデンティティ》を通して表出される世界である。それゆえ今やリクールはこう言う。「伝えられる内容に関する遠隔化や自由は最初の態度ではあり得ない」[16]と。リクールはここで、彼の作品のもしかしたら他のどの部分においてよりも大きくガダマーに近づいている。

けれども彼はそこでもまた、客観化する方法的距離を抑制することによりも、それを歴史的な意識の解釈学に組み入れることに気を配る。リクールによれば、ガダマー自身この統合の必要性を認めていたという。適用の観念を強調し、理解とは常に過去と現在とのあいだの地平の融合の結果であるという考え方を強調することによって、である。理解がそれであるところの伝統という事件の中で、現在には確かになすべき発言がある。けれどもそれは、原初の帰属を背景としてその上に姿を見せる一つの返答なのである。こうしてリクールは、解釈学をイデオロギー批判に対立させてしまった論争を「残念な」と形容するに至る。ガダマーおよびハーバーマスのそれぞれの立場は、「二つの異なる場」に由来していると思われるからである。前者においては伝統から受けとったテクストの再解釈たる場、そして後者においてはねじ曲げられたコミュニケーションの諸々のイデオロギー形態の批判たる場である。したがって、好意的な先入観の意味でのガダマーのいわゆる先入観と、ハーバーマスの関心を引くイデオロギー現象、つまりコミュニケーションの歪みとを重ね合わせることはできまいというそれだけのことである。[17]

したがって、我々は伝統の継承者であるとしても、我々が歴史から受継ぐ物語の同一性は決して安定していないし閉じられてもいない。それは我々がそこにもたらすことのできる回答にも依存している。そこで力点は、回答する能力と物語の同一性を識別する主導性に置かれている。露わになるのは、能力ある人間の倫理的な局面である。それこそはリクールによる解釈学的考察の最後の核となるだろう。内観哲学の問題「私とは誰なのか」は、倫理学的であるに劣らず解釈学的な「私に何ができるのか」という問題に席を譲ることになる。

六　能力ある人間の解釈学的な現象学

我々は単に歴史の受動的な相続人にとどまらない。我々には絶えず主導性の空間が割当てられている。歴史的意識の解釈学は、それゆえ能力ある人間の諸々の力の現象学に行着かざるを得ない。自己同一性《イプセイテ》の解釈学哲学を発展させることによって、晩年のリクールは彼のいわゆる「最も旧い確信」の一つに回帰する。すなわち、

自己認識の自己とは、疑惑の解釈学によってその無邪気さと同じく偽善が告発された利己的でナルシスト的な私ではない（中略）。自己認識の自己とは、『弁明』の中のソクラテスの言葉に従えば、吟味を受けた生《せい》の果実である。ところで吟味を受けた生とは、我々の文化が伝えるところの虚構的でもあれば歴史的でもある物語のカタルシス効果のおかげで、大部分は純化され明確化された生である。自己同一性とはしたがって、自己が己《おのれ》自身に当てはめた文化上の諸作品によって教育され

た自己のそれである。(18)

それゆえ物語的同一性《イダンティテ》は、様々の共同体によって、しかしまた様々の個人によっても変化するだろう。いずれの場合にも、自己はある程度まで自らの物語的同一性を象《かたど》り直すことができる。能力ある人間の現象学――リクールはその死の一年前に出版した『承認の行程』(*Parcours de la reconnaissance*)でその大略を思い出させている――において、フランス語で《*je peux*》(私は……できる)ということが言われる主要な用法から[論を]開始している。(19)「私は話すことができる、私は行為することができる、私は物語ることができる、私は私自身を私の行為に責任ある者として、その真の行為者としてその責を負わされることができる」。それら四つの用法はそれぞれ、言語活動の哲学、行為の哲学、物語の理論そして道徳哲学の場を開いている。

けれども、リクールの哲学的構想の全体的なタイトルは、「自己の解釈学」であり続ける。(20) この言い方はほとんど事実性の解釈学というハイデガーの思想を想起させる。解釈学はそこではもはや、リクールル解釈学の最初の二つの思想に基づいて象徴やテクストにではなく、自己自身に向けられているからである。解釈学は、古典哲学において優勢であったごとき実体論的な語義とは違って、今や行為、能力および可能性のような諸概念の方を好む「根本的な存在論」の形をまとう。(21) リクールはそこでは、「存在論の」激越さに対する批判――それが彼の初期の解釈学における発言をなお特徴づけていた――を和らげているように思われる。存在論がハイデガーにとって一つの出発点であるとすれば、リクールにとってそれは一つの到達点となるのであろう。

我々はこの能力ある人間の解釈学的存在論に、リクールの道行き全体の到達点を、しかしまた彼の「解釈学を通る迂回」の端緒となっていた内観的な問題系への回帰を見ることができる。この自己の解釈学は有益なことに、ガダマーの力説していた「過去によって作用を受ける存在者」が意識の唯一の規定ではないことを思い起こさせてくれる。様々な可能性を有する存在者たる人間は、自身の世界を（しかしまた記憶や許しや承認によって自分の過去をも）象《かたど》り直すことができる。この解釈学は不信の学派から本質的な教訓を引出したがゆえに、内省による自己の十全な把握という誤った幻想をきっぱりと放棄する。けれどもこの破壊は、歴史作用という冷酷な運命を前にして宿命論的な諦めへと導くことはないであろう。逆に我々はそれに助けられて、自己を取巻く現実的な悪と不正とに面して「能力ある自己」の倫理的手立てを再発見できるのである。

この自己の解釈学の倫理的な射程は明白である。それに『他者のような自己自身』(*Soi-même comme un autre*) は、一つの「小倫理学」[22]を展開してもいる。それは「正義にかなった諸制度の中で他者とともにまた他者のために良き生《せい》を目指すこと」によって特徴づけられると述べることで、根本的な倫理的緊張の所在を明らかにしようと努めている。けれどもこの正義と良き生の意味は天から降ってはこない。歴史的な存在者としての我々は、様々な創設的な約束[23]の、したがってまた希望の相続者であって、自己の解釈学はその記憶であることを自任したいのである。こうして我々は、倫理学無き解釈学が空虚のままであるとすれば、解釈学無き倫理学は盲目であるということをリクールによって知ることができる。

第八章　解釈学と脱構築

一　デリダにおける脱構築、解釈学および解釈

一九八一年にパリで行われたハンス゠ゲオルク・ガダマーとジャック・デリダ（一九三〇―二〇〇四年）との今や有名な会見は、信頼の解釈学と不信の解釈学との真の対決となった。けれども、信頼の解釈学と不信のそれとを最もしばしば対立させる解釈の抗争とは違って、二人の思想家の出身は共通であった。ガダマーと同様に、デリダもまた『存在と時間』におけるハイデガーの「解釈学」の構想から出発していたからである。けれども彼は、特にその「破壊的な」側面、つまり西欧の伝統に属する形而上学上の諸々の前提を暴くハイデガーの意図の方を選びとった。

デリダはわけても、西欧の思想あるいは「形而上学」（プラトンからヘーゲルに至る、存在の全体化する説明を切望するそれと理解しよう）は、現前としての存在の規定によって支配されている、とするハイデガーの思想を再び採りあげる。(1) すなわち、存在とはそれに支配の狙いを押しつけるところの視線

に与えられるものであるというのである。他方デリダは構造主義の素養もあって、この直観を記号の理解に適用する。それによって彼は、意味および真理そのものに関する「形而上学的」と判断される考え方を疑問に付すことになる。フェルディナン・ド・ソスュール〔一八五七―一九一三年〕の言語学において、意味の概念は、能記（le signifiant）と所記（le signifié）という二重語を通して表わされる。能記（もしくは記号）は、それゆえ「意味される現前」«présence signifiée» へと送り返す。後者は事物あるいは指示対象で充満した現前を具現すると考えられる。[*1] とはいえ、この所記を考えようと試みるや否や、我々は常に記号ないし言説の次元内でしかそれをなし得ないことに気づく。「意味」はしたがって、デリダが «différance»「引延し」と呼ぶところのものの作用によってどこまでも先延ばしされるがままになる。そこにおいては、記号と意味とのあいだの（いわゆる）「差異」«différence» と同時にその成就の（終りなき）「繰延べ」«report» とを同時に理解しなければならない。というのも、人は究極的に記号の帝国から抜出すことは決してあり得ないであろうから。

デリダはそれによって理解の言語的な構成に主導的な役割を認める。そのことは彼をガダマーに近づけると思われるかもしれない。けれどもそこでは明白な近接よりは間隔の方がより考慮に値する、と恐らくデリダには見えるだろう。じっさいデリダは、ガダマーよりもまたさらにはハイデガーよりもはるかに「構造主義者」であることが分かる。彼ら両者にとって言語活動が言葉《パロール》へと運ぶのは存在であるが、デリダにとっては「存在」はもはや「引延し」の一つの効果にすぎない。というのも存在は、それを表現する諸々の記号の外では到達不可能なままだからである。しばしば引用される文献の中で彼は、「テクスト外なるものは無い[2]」と書くのである。我々はここで、この脱構築は排他的に諸々の記号と言語上の諸々の対立の域に集中することによって、それなりに近・現代思想の唯名論に屈しているのではないかと問うことができる（それはガダマーによる批判の一つとなる）。したがってデリダ自身がまた、ある「現前の形而上学」の、この場合は記号そのものの現前の形而上学の犠牲ではないのだろうか。

ハイデガーによる形而上学の破壊は、したがってデリダにおいては思考の論理の脱構築という形をとる。すなわち記号――意味の蜃気楼を生じさせはするが、常にそれ自身にしか注意を払うことはない――の外に意味が実際に現前するという考えを我々に信じさせる思考論理の脱構築である。ハイデガーの「破壊」構想の先鋭化によってデリダは、解釈学の構想そのものに対してある確かな疑惑を公言せざるを得なくなる。彼にとってそれが疑わしく思われるのは、彼がそれを記号の背後に究極の意味を探す知解可能性や解読の狙いと同一視するからである（恐らくリクールに、そして意味を「回収する」その解釈学に由来する考え方である）。デリダにとっては形而上学の錯覚が問題であるだけではなく、彼は形而上学における占有への不遜な意志を絶えず告発し続けるのである。ハイデガー的な破壊は、理解への意志に対するレヴィナス［一九〇六―一九九五年］による批判と結合する。この意志は自身の全体化の狙いを他性に押しつけることによって、必然的に他性に無理強いしてそれを「所有し」ようと努めるのではないか。デリダにとって絶対的要請は、他を「理解する」ことではなく、「形而上学」を象徴すると判断されるまさに理解への意志を中断することなのである。

注釈者たちは見逃さなかったのだが、それでもやはりある意味においてデリダは、他方では「汎解釈学的」と形容しうる考え方を擁護している。というのもそれは、存在とのあらゆる関係は諸々の解釈のゲーム〔作動〕に属するがゆえに、言説の外に一つの意味を見出し得ることをまさに否定しているのだからである。この「言語活動の普遍性」を前にしてデリダは、二つの可能な戦略、あるいは「解釈、構造、記号およびゲームの二つの解釈」を念入りに区別する。

一、「一つは、記号のゲーム〔作動〕と領域から逃れる真理もしくは起源を解読することを求め夢みて、解釈の必要性を亡命さながらに生きる」。デリダはそこで、依然として形而上学的な古典的な解釈学を考えている。それは、諸々の記号の背後に、生きた現前として願われる「意味」を知覚するのではないにしても把握しようと努める。ここではハイデガー、リクール、ガダマーのような著者たちが思い浮かべられるだろう。デリダは誇らしげに解釈についての別の解釈をそれに対立させる。

二、「もう一つはもはや起源には向かわず、ゲームを肯定し、人間とヒューマニズムの彼方へと超えてゆこうと試みる。人間という名は、形而上学あるいは神学存在論（onto-théologie）の歴史を通じて、つまりその歴史の全体を通じて、充満した現前、安堵させる根拠、ゲームの起源および終りを夢みたあの存在者の名だからである」。充全で無媒介的な現前というこの思想は、構造主義この方もはや可能ではないとデリダは考える。それが「解釈についての第二の解釈」の「悲しい」面であるが、それはまた拘束する真理なる思想を放棄することのうちに解放的で遊戯的な面を含んでもいる。デリダは言う。ニーチェこそはこの「解釈についての第二の解釈」への「道を示した」と。そして彼は確かな感激をもってそれと連帯するのである。

不在の起源の失われたあるいは不可能な現前へと向いているところの、断切られた無媒介性というこの構造主義的なテーマ系はしたがって、ゲーム思想の否定的で、懐古的で、咎《とが》を負った、ルソー的な悲しい面なのであるが、このゲーム思想のニーチェ的な肯定、世界のゲームおよび生成の無垢性の陽気な肯定、活動的な解釈に供される——誤りも真理も起源もない——記号世界の肯定は、そのもう一方の面なのであろう(3)。

一九六七年からすでにデリダは、解釈についてのそれら二つの解釈は「絶対に両立し得ない」ものであって、自分の意図は「それらの還元不可能性を研ぐこと」でさえあると仄めかしていた。一九八一年四月にパリのゲーテ学院においてガダマーとデリダとのあいだに公開討論が企画されたときに相見《まみ》えることになったのは、いくぶんかはこれら二つの解釈の解釈なのである。

二　デリダとガダマーのパリでの対面

二人には共通の出発点がいくつもあった。いずれもハイデガーの後裔であり、科学主義を批判し、とりわけ言語活動に関する共通した思想——その普遍性については相違しているとしても——を表明していたことを考えよう。にもかかわらず、一九八一年の顔合わせは「フランス語でいわゆる」聾者の対話となった限りにおいて恐らく失敗であっただろう。[4] けれどもまさに聾者の対話であったがゆえに、もしかしたらそれは有益で豊饒でさえあったのではないだろうか。ともあれこれは一つの事件であって、その重要性は年を経るにつれて増していった。

まずガダマーが「解釈学の挑戦[5]」について講演を行った。彼はそこで自分の解釈学思想が受けて立つ挑戦のみならず、彼にとってデリダとの対面が意味している挑戦にも言及した。彼はデリダの作品にかなり親しんでいた（逆は多分それほどではなかった）。ガダマーは、形而上学の概念的な言語（langage）

の脱構築を目指すデリダの構想のうちに、ある程度まで自分自身を再認し得た。けれども解釈学の巨匠は特にそれによって、思考の硬直化した語彙のことを、すなわち真の言語（langue）のすべてがそこに発するところの「生きている対話」から遠ざかってしまった語彙のことを意味していた。つまり積極的な意味での破壊とは彼にとって、空虚になった概念を、それが由来し概念にその意味全体を与えている言語の中に書込み直すことにあったのである。[6] けれども、生きた言語による対話への思考のこの絶えざる送り返しによってまさに、彼は形而上学の閉じられた言語活動（langage）があるという考えに疑問を立てることになったのである。「私に固有の考えはこれであると私には思われます、と彼は言う。わずかでも思索者が言語活動に身を委ねるのであれば、決定的な仕方でその思考に境界を画定し得るような概念的な言語（langage）は存在しない。形而上学のそれであってもです。そのことから当然、思索者は自分とは別な風に考える他の思索者たちとの対話を受け入れるということになるのです[7]」。

ガダマーは、自分の言語観は生きた対話の経験と言語の自己超越の見込みから湧き起こっていることを思い起こさせ、また好意的な気持ちを込めて、デリダとともに進め得ると彼が考えている対話に希望を抱いていることにも言及していた。ガダマーはこの対話の解釈学的な経験を芸術の経験および哲学史に基づいて説明していた。そこにおいて自分に問いかけるものとの対話に入る解釈者は、そこから出るときには変化していないわけにはいかない。ところで芸術作品の中で我々に言われていることは、決して概念的には汲みつくされ得ない、とガダマーは力説する。意味の経験の非成就性は本質的に人間の終結性に属している。それによってガダマーは、意味の無限の「引延し」というデリダの思想への自分の賛意を強調しようとしたのである。

それらの共通要素を想起したあとでガダマーは、この「フランスの舞台との」出合いが自分にとってなぜ一つの大いなる挑戦であったかを説明する。それは、デリダが破壊の思想についてハイデガーに借りがあるにもかかわらず、これをロゴス中心主義のかどで非難しているからである。ハイデガーは存在の意味ないしその真実の問題を問い続けていて、こうして意味をどこかで見出し得る所与と考えているというのである。この点でデリダにとってはニーチェの方が、解釈とは意味の発見ではなく諸々の展望や仮面のゲームへの同意であるという思想とともに、より根源的《ラディカル》であるというのであろう。その意味でハイデガーによるニーチェの読みは、「フランスで」批判されているのではないだろうか。ニーチェは存在を価値と考えることによって形而上学をその頂点に到達させた人とではなく、むしろ解釈の無限の作動を肯定することによって、ハイデガー以上に形而上学を超えることを可能ならしめる人とされているのではないか、と。ガダマーの見解ではそれゆえ討論は、ハイデガーかニーチェか、いずれがより根源的であるかという問題だったのである

この問題についてガダマーは、手の内を明かしてハイデガーとの連帯を表明した。「ハイデガーは問

違いなくニーチェを越えています」と。フランスにおけるニーチェの後継者たちは、彼の思想の打診的で誘《いざな》いの性格を相応に評価していない、とガダマーは非難する。そのためにデリダは、ハイデガーによる存在の経験は「ニーチェの極論ほど根源的ではない(8)」と考えるに至ったのであろう。ガダマーに従えばそんなことはない。ハイデガーの優位は、彼がニーチェの「価値」概念を西欧形而上学の連続性の中に書込むことに成功した事実にある。ハイデガーは、この価値の形而上学的な思想を（また価値の変換を推進したがる思想のアポリアを）超えたと思われる。測定可能な表出に還元されない存在、それゆえ決して自らを全面的に委ねはせず、その神秘の一端をとどめて渡さない存在の経験を考察することによって、である。それゆえ彼は、計測可能な価値および技術的有用性に限定されない存在を見つめることによってニーチェより先まで行ったのである。

ガダマーは確信をもって一つの直観を再び取りあげたと言う。彼はそれにまさしくデリダ的な様相を与えている。すなわち「こうして私は、意味の解釈学的経験全体に課される限界を心にとどめようと常に努めてきました(9)」。解釈学は完全に認めるであろう、存在は、ハイデガーもデリダも批判している全体化する理解の対象には決してなり得ないということを。あらゆる意味解釈の限界を認めることによって、解釈学はこうして他人へと、「他性の潜在力」へと自己を開くよう促していたのである。「他人というものは、反駁するために発言する前からすでに、ただ彼がそこに現前するという事実によって、私たちが自分の様々の先入観の狭さを発見し、それらを破砕させるよう助けてくれるのです」[10]。この他人への開きは、デリダと対話し、彼から学ぼうという彼の心構えを示していると思われた。

一九八一年の出会いでひどく驚かせるのは、デリダにおいては同様の心構えを示すものは何も見られなかったことである。ガダマーの発表の後で、デリダはハイデガーおよびニーチェにおける署名についての講演を行ったが、そこで彼はガダマーについてはいかなる言及もしなかった。その点で彼を非難しようと思う者はいないだろうが、そこでは解釈学の巨匠の方が年長であっただけに不均衡には歴然たるものがあった。それゆえ上辺だけでも対話を取り繕うために、主催者たちはその講演の翌日、ガダマーにいくつかの質問をするようデリダに求めた。彼がガダマーに提示した三つの細かい、しかしとても良い質問が、解釈学と脱構築のあいだの一大討論の種となった。

デリダの第一の質問は、ガダマーの語った善意への呼びかけにかかわっていた。この質問が一見してかなり唐突に見えたとすれば、それはこの問題がガダマーの講演の真に中心にはなかったからである。ガダマーがそれを引合いに出したのは、対話に入る人々は互いに理解し合おうと努めるのであって、最小限の自己開放を証《あか》しているのだという、彼にとってはありふれた考えを強調するためにすぎなかった。ガダマーは、そこに常識的な明証性より以上のものは何も見ていなかった。

ところがデリダは、この明証性の明証性を問題にしたのである。この無条件の公理は、とデリダは問うのだった、「意志が、この無条件性の形、絶対的な頼みの綱、最終的な審級の規定であり続けることを想定していないでしょうか」[11]。この問いに一大射程を与えているのはハイデガーへの参照であった。「この最終的な審級の規定は、ハイデガーがまさに意志としての、あるいは意志的な主体性としての存在者の存在規定と呼んでいるものに属しているのではないでしょうか。この言説は、それが必要となった限りにおいて、一つの時代、意志の形而上学の時代に属しているのではないでしょうか」。

第二の質問でデリダは、精神分析のみならずニーチェをも引合いに出してこの善意の思い上がった主張を制限しようと努めた。デリダはそこで、自分の解釈についての考え方は「他の解釈学の伝統によりは多分ニーチェタイプの解釈にもっと近いのかもしれない」と仄めかす。我々は、『エクリチュールと差異』(*L'écriture et la différence*)が称えていた解釈についての第二の解釈をごく自然に思い浮かべるだろう。つまり真理がなく、それゆえ究極の解読という考えを放棄して、諸々の記号間の終りなき作動を喜んで肯定するそれである。彼はこの文脈において、ガダマーによる「生きた」対話の思想への言及に驚いたのである。それというのも、彼はこの思想を体系の探究に結びつけていたからである。「これこそ昨夕、この上なく決定的であった件《くだり》の一つであり、文脈の一貫性について私たちに言われしことすべての中で、私の考えでは最も疑問ある件の一つであった。[*2] その一貫性が体系的であるにせよなきにせよ。というのも、一貫性なるもののすべてが必ずしも体系の形をとるとは限らないからです」。

したがってデリダは解釈学を体系の思想に、つまり理解への意志に結びつけていたのである。彼にとっては、それは支配と全体化への欲望とに紙一重である。理解するとは、他人を全体化する一つの体系の中に組み込むことではないのか。デリダの思想はこの支配への意志と対立する限りにおいて、反解釈学的と形容され得るのである。

そのうえ第三の質問は、理解という用語そのものに討論を収斂させていた。「理解（Verstehen）の条件とは、昨日言われしごとく関係の連続であるどころか、関係の遮断、ある種の遮断の関係、一切の媒介の中断ではないか、と問うことができます」。デリダはここで、理解を他人に振るわれる暴力の一形態と同一視している。理解への意志は、他人をして、私が彼に押しつけるところの思考の図式に随従し、これに合致すべく強制するのではないのか。その図式はまさにその事実によって、「彼の」特殊性から逸れてしまうのである。別の問い方をすれば、他人への開放は必然的に「理解」の努力に属しているのだろうか。この疑いは逆説の形で表現することができる。私が他人を理解するとき、私は彼を理解しているのか、と。

ガダマーの最初の反応は明らかに合点が行かないというものだった。彼を苛つかせたのは、善意、対話および理解という諸観念そのものを問題化することによって、デリダが出会いの可能性そのものを根底から崩していると思われたことである。ガダマーがどれほど次のように強調しても、どうにもならなかった。すなわち、自分の意図はいかなる形而上学からも遠く離れたところにあって、理解されるために口を開き、他人を理解するために耳を傾ける者の意志、基本的な理解の意志に言及したにすぎない、と。そのように異なる土台の上でのデリダとの合意はまったく不可能に見えた。

ところで討論の根本はまさに理解の可能性そのものにかかわっていた。そのことがこの個別的な事例における相互理解の失敗をいとも興味深いものにしている。というのも、ガダマーにとって理解は常に少なくとも可能であるのに対して、デリダにとっては決して真には可能ではないのである。ガダマーにとってそれが常に可能であるのは、意味の探求は言語活動の全体を投資するからである。そのことはしかし探求が必ず充足されることを意味しない。理解の努力が満たされないことが、真実の探求や或る意味への開きを活気づけるかもしれない。けれどもこの不充足こそが、再びデリダの術語を用いれば、常に繰延べられる（se differe）のである。理解への意志を警戒すべくデリダを促すのは、この繰延べ[*3]である。理解は真に他人に合流するのであろうか。それは否が応でも、諸々の記号の下に埋もれて、決して言われるには至り得ないものを遮蔽する様々の体系や構造や記号によって囚われたままであり続けるのではないだろうか。理解が理解すべきでもあろう意味にとってそうであるように、言ってみれば、言説とは言う行為の少しばかり最悪の敵なのである。

三　出会いのその後

実際の出会いは常にその対話者たちを変える。たとえガダマーの最初の態度が驚愕のそれであったとしても、デリダの反論は恐らく無駄ではなかった。一九八一年の出会いの後で、ガダマーはしばしばデリダとの討論に立ちもどっている。[12]デリダの仕掛けた挑戦のおかげでガダマーは、自分の解釈学の構想と脱構築のそれとのあいだの本質的な差異のいくつかを浮彫りにするに至ったし、また恐らく彼は自分の解釈学の命題のいくつかを暗黙に見直すことにもなった。

意志の形而上学に対するデリダの批判は少し行きすぎてはいたが、それによってガダマーは、『真実と方法』において提示していた理解概念のいささか「占有的な」側面を恐らく和らげるべく促された。じっさい、そこでは理解は適用と占有の一つの形として現れているのである。すなわち外的な意味を理解するとは、我々の言語への適用もしくは翻訳を介してそれを我が物とすることである。ところでこの理解の観念は少々ヘーゲル的な占有意志に従ってはいなかったであろうか。私が外的な意味を私の状況に適用するとき、私はそれをその特殊性において理解しているのであろうか。デリダの批判が決定的であったか否かはあまり言えることではあるまいが、晩年のガダマーはこの理解の考え方をいくらか修正したかと見える。その目立たない証拠は、『真実と方法』の中の適用についての章に先立つ時間的な距離に充てられた章に、彼が一九八六年に加えた一つの短い注記に見出される。すなわち「理解においてはここで人は常に、他なるものを自分のものとし、その他性を知り損なう恐れがある[13]」。きわめて短い、だが他ならぬこの文脈においてはほとんど自己批判に等しいテクストである。なるほどガダマーは、理解には部分的に適用が含まれるという思想を決して明白に問い直すことはない。しかし一九八六年には、他を我が物とすることによってその他性にもしかしたら無理強いし、曲解してしまう理解の危うさにもっと注意深くなった自分を見せているのである。デリダは、適用の観念を直接に論じてはいないにせよ、解釈学の思想に潜んでいるとする意志の形而上学について問い質したとき、まさしくそれに狙いをつけていたのである。こうして解釈学と脱構築との出合いは恐らく、しばしば言われているほど不毛ではなかったのである。

その最後の確証は、最晩年のガダマーが絶えず喚起した解釈学の「定義」の中に見出される。最後のいくつかの文書においてガダマーは、解釈学の真髄は「もしかしたら他人の方が正しい[14]」と認めることにあると喜んで強調した。こうして理解は占有としてよりも他人とその諸々の言い分への開きとして現れる。同様に最晩年の文章においてガダマーが、言われ得るすべてのことに対する「言語活動のいくつもの限界」に比べれば、言語活動の普遍性について語ることはもっとずっと少なかった。終結性の解釈学の根本的な経験は、もはや単に理解の言語的な条件の経験ではなく、それは同時に、言われ得べきでもあろう一切を前にした言語活動の様々な限界のそれでもある。(15) ガダマー解釈学における他人の他性への開きおよび言語活動の諸限界についてのこれらの新たな強調は、脱構築と解釈学との出合いの所産でなくはない。

四　デリダとガダマーの最後の対話

ひとりガダマーのみがデリダとの内的対話を続けていると長らく思われてきた。ところで二〇〇二年三月十三日のガダマーの死の後、デリダはこの対話が自分にもまた決して同伴しやめたことはないと告白した。二〇〇三年二月十五日、彼はハイデルベルク大学で『雄羊、断切《たち》られない対話——二つの無限のあいだに、詩』(*Béliers. Le dialogue ininterrompu : entre deux infinis, le poème*)（ガリレ社、二〇〇三年）なる標題のもとにガダマー追悼の講演を行った。

ツェラン[*4]の詩について巨匠にふさわしい読みを提示したこの講演のタイトルはすでに、ガダマーにとって貴重な対話の思想を再び採りあげていた。けれども、死によって対話が途絶したまさにその時にデリダが「断切られない対話」を語ったこと、これは逆説と言うべきである。とはいえデリダにとってこの死は、二人の友のあいだに親しく行われている対話に属していた。友情の冷厳な掟とは、友の一方が他方の死後も生き続けることである。そのとき、生残った者には自分自身のうちに友を抱えてゆくのが義務となる。ツェランの詩句「世界は去り往きたり。君を抱えてゆくは今や我が務め」から彼が引出すライトモチーフにしたがって、「断切られない対話」とは、他者を自己のうちに抱えて自らひとり継続すべく宣告されている対話であることをデリダは知っているのである。あたかもデリダは、一九八一年にガダマーが言及した「生きた対話」の思想に、こうして死後の対話——そこで生残った者は自己のうちで亡き友の声を語らせなければならない——の思想によって答えたかったかのように、すべて進展するのである。

「断切られない」対話の思想は、一九八一年の対面の際に、遮断の観念が果した役割に呼応せずにはおかない。デリダの第三の質問はすでに、理解という考え方は連続の思想よりもむしろ断絶の思想から発して理解さるべきではないかと問うていた。「理解（Verstehen）の条件とは、昨日言われしごとく関係の連続であるどころか、関係の遮断、ある種の遮断の関係、一切の媒介の中断ではないか、と問うことができます」。この遮断の観念は、他の所でデリダがあらゆる言葉《パロール》の遺言的な性格について述べていることと恐らく何らかの関係がある。というのも、友の一人が亡くなっても、それはこの発言者の後まで生き続ける贈り物となって、もう一人はそれを自らのうちで運んで行かなければならないからである。

デリダは、この友情についての証言をもう一つ、ガダマーの死のわずか二週間後にドイツ語で著したあるテクストの中で公表している。「彼はなんと正しかったことか。我が案内者ハンス＝ゲオルク・ガダマーは[16]」なる標題の文書である。彼はそこで、生きることをすこぶる愛したあの陽気な楽天家ガダマーに対して、常に抱いていた愛情のこもった感嘆を表明している。デリダにはガダマーの生《せい》を肯定する力が羨ましく、自分にはそれが欠けていると思っていたのである。それゆえデリダはこう打明ける。

私はガダマーの死を信じない。信じられない。あえて言えば、私にはガダマーは決して死ぬことはない、と思う癖がついていた。死ぬような人ではないと。（中略）私たちの最初の出会いの年である一九八一年このかた（中略）、彼から私へとやって来るすべてのものは、私にある静謐をもたらし、一種の哲学的感染もしくは放射によって、私はガダマーその人が直々に私にそれを伝えてくれているという印象を抱いていた。私は彼が生き、話し、笑い、歩き、跛《びっこ》を引き、食べ、飲むのを見るのがとても好きだった。私よりもはるかにたっぷりとそうするのを。生を肯定する彼のうちなるあの力を私は羨んでいた。それは無敵と思われた。ガダマーは死なないのが当然と私は確信してさえいた。なぜなら私たちは、時代のすべての哲学的討論に立会い参加する人、あの絶対的な証人を必要としていたのだから。

そしてガダマーは決して死なないのが当然だったからこそデリダは、彼の思想との対話——一九八一年には自分がそれをいささか回避したことを白状し——、これを無限に延期し得ると考えていたのである。二〇〇四年十月九日のデリダの急逝は、この死後の対話を断切ることになった。それゆえ、解釈学と脱構築という「二つの無限」のあいだの対談を継続する務めは彼らの友人たちに負わされるのである。

第九章　ポストモデルヌの解釈学——ローティとヴァッティモ

デリダと違って、リチャード・ローティ（一九三一―二〇〇七年）およびヂャンニ・ヴァッティモ（一九三六年生まれ）は解釈学思想を明白に標榜した。けれどもそれは、もっと「相対主義的な」あるいは「ポストモデルヌ的な」方向へとそれを屈折させるために、であった。両者はガダマーの有名な寸言「理解されうる存在とは言語《ランガージュ》である」を拠所としている。けれどもそこから次の結論を引出すのである。すなわち、我々の理解が我々の言語活動によって到達できるとされる客観的現実に及ぶと主張するのは幻想である、と。すべては結局のところ言語活動の管轄に属しているのであるから、思考と現実との適合という考え方は放棄しなければなるまい、と。そこからローティはプラグマティズムに、そしてヴァッティモは幸せな虚無主義《ニヒリズム》へと向かう。

一　ローティ――プラグマティズムによる真理の観念への解雇通知

一九七九年に出版された著書『哲学と自然の鏡』(*Philosophy and the Mirror of Nature*)においてローティは、米国流プラグマティズムとガダマー流の解釈学との新たな結合を推進している。彼の意図は、哲学は単なる「現実の鏡」でありたいと願う認識――ローティはそこに単なる隠喩ないし言語活動の効果しか見ない――をなぜ葬り去らなければならないかを示すことにある。彼はまた同じように、アングロ・サクソンの世界で支配的な思想――哲学は「認識の理論」もしくは認識論《エピステモロジー》でなければならず、その任務は我々の認識が現実とどのように関わっているかを説明することであるとする――をも俎上に載せる。

アングロ・サクソンの認識論に内属する実証主義ないし経験主義に対するこの批判自体は、大して独創的ではない。それはクワイン〔一九〇八―二〇〇〇年〕のプラグマティズムによって、また彼による「経験主義の教義」――そこには現実世界への参照の教義が含まれる――の告発によって開始されていたのだった。しかしまたもう一つ、科学史家トーマス・クーン〔一九二二―一九九六年〕の仕事もあった。その『科学革命の構造』について有名な著書(一九六二年)において、クーンは、科学上の諸理論の受容は言語や修辞術に、そして科学的な論拠よりも現行の「パラダイム」に依拠する諸々の信念に負うところが多いことを示していた。これらの信念こそは、あれこれの時代の科学的合理性の規範を決定するというのである。

ローティの独創性は、そのときまで英語圏ではあまり知られていなかったガダマーの思想を全面的に援用したという事実に、しかしとりわけ認識論という学問そのものを解釈学の思想によって置換えなければならないとする彼の確信に存する。そもそも上記著書の第七章は「認識論から解釈学へ」というタイトルをもっている。とはいえ、解釈学の考え方の方がよりよく現実に適合するとか合致するがゆえに、それは認識論に取って代わるべきなのだと信じるとすれば、それは思い違いである。否、解釈学の意義は彼にとって、そのような考え方を放棄して、まったく別の人間的文化の思想を提唱することにある。

　私の意図は、認識の理論に中心を置く哲学が、その全盛期に満たしていた文化的空虚をあたかも解釈学が満たすことを目指しているかのごとく、これを認識論の後継者となる学科として紹介することではない。私が提案する解釈では、解釈学とは、認識の理論が挫折した地点で成功することを我々に許すと見なされる一学科とか一方法とかの名称ではないし、一つの探求計画の名前でもない。反対に解釈学は、認識論の没落によって開かれた文化空間は満たされはすまいという希望の表現であり、我々の文化がそこにおいて拘束と対決の要請がもはや感じられないような文化となる希望の表現なのである[1]。

ローティの見解では、解釈学は、真理に到達するための方法もしくはそのより優れた一方法を提供するものではない。それは我々に、現実への照応という意味で理解される真理の観念なしで生きることを教えるだけである。真理の探求はそれゆえ、むしろ教化と交際の理想を称える教養［＝文化］によって取換えられ得る。ローティはここで、『真実と方法』における育成《ビルドゥング》の思想を拠所にしている。ガダマーがそれに言及したのは、人文諸学の知は方法的なあるいは距離をもつ知ではなく、当事者本人の変化を巻込む形成の知であることを示すためにであった。ローティはそこからもっと相対主義的な帰結を引出す。

ガダマーは『真実と方法』を、ユマニスム*1の伝統の役割についての議論から始めている。この伝統は育成の観念に、それ自体がそれ自身の目的であるような何らかのものという意味を与えた。そのような観念が十全な意味をもつためには、あらゆる記述的言説が由来するところの時代、伝統、および歴史上の偶発事との関連でそれらの相対性を把握することが不可欠である。ところでそれこそが教育におけるユマニスムの伝統のなし得るところなのであって、精密諸科学の諸々の成果に従う形成のとうていなし得ることではあるまい。(2)

この形成の理想にしたがえば、哲学の務めは現実のより正確な記述を提供することではなく、単に人間相互の交際の追求を促進することになるであろう。それというのも認識は、交際の域を超越して現実のあるいは諸々の本質の世界に到達することは決してあるまいからである。

分析哲学を解釈学的なものへと変化させることに努めていたローティの著書が、アングロ・サクソンの世界で解釈学思想をよりよく知らしめることに広く寄与し、それが彼の否定しがたい功績の一つであるにしても、彼はそれをガダマーとはかなり無縁な相対主義の方向にむけた。じっさい、自分の主著に『真実と方法』という標題をつけた著者が、真理という考え方を断念したがっていたなどとは考え難いのである。

ガダマーの生誕百周年に際して、二〇〇〇年二月十二日にハイデルブルクで行った講演の中で、ローティは自分の理解するがままの解釈学の効力を再び称えた。彼はそこで、象徴的な「理解されうる存在とは言語である」を援用した。しかしそれは格言に純粋に「唯名論的な」意味を与えんがためにであった。彼はその意味を次のように特徴づけている。「私の言う唯名論とは、すべての本質とは名義上のものであり、すべての必然性とは«de dicto»(言説に固有のもの)であるとする考えを意味しています。つまり、いかなる記述も他のあらゆる記述以上に真ではない、もしくはそれ以上に対象の本性によく合致することはない、ということです[3]」。したがって、「一貫性のある唯名論者は強調してこう言うでしょう。陳述[*2]と説明の場面での微粒子的な語彙の上での成功は、その存在論的身分にいささかも波及することはないし、存在論的身分などという観念自体が放棄されなければならないのです、と」。

存在論の放棄もまたガダマーとはむしろ無縁である。『真実と方法』の最後の部分のタイトルは、言語活動を導きの糸としてまさしく解釈学による「存在論の屈折」を予告しているのである。言語活動はガダマーにとって存在を遮断するものではなく、まったく反対にそこにおいて存在がそれ自身を開示する要因である。ここで唯名論を語ることはできまい。というのも、ガダマーにとって言語活動とは、我々の思惟の言語活動である前に事物のそれなのであるから。西欧思想における言語活動の忘却についてのガダマーによる批判のすべてはそもそも、道具主義的で唯名論的な考え方を告発することを目指している。それは言語を、現実に直面して至上権を有する思惟にとっての一つの道具と見なす。けれども言語活動がなければこの現実から意味は奪われてしまうのである。ところでローティが復権させようと努めているのはまさにこの唯名論なのであって、それ以上でも以下でもない。

我々は記述を通してでなければ何らかのものを理解することは決してない。けれども特権的な記述などは存在しない。我々の記述的言語の背後へと、それ自体としてあるがままの対象へと遡るいかなる手段もない。それは、我々の能力が限られているからではなく、我々にとって（*le pour nous*）とそれ自体において（*l'en soi*）の間の区別は、記述の語彙の遺物、すなわち効用を失った形而上学のそれなのである。[4]

ローティは新たな「ガダマー的教養」を援用すると主張しているのだが、そこに絶頂に至った近・現代の構成主義を認めないことはむずかしい。それによれば世界は我々が世界について抱いている考え方に還元されてしまう。言語活動を純粋に道具的なやり方で理解するこの唯名論を、ガダマーはまさに力強く批判しているのである。「理解されうる存在とは言語である」という警句は彼において、存在がそれについて我々の与える記述に還元される唯名論的な意味にではなく、存在論的な意味に解すべきなのである。つまり、言語活動において自らを語り始めるのは存在自身であって、存在の言語活動によってこそ我々は、我々がそれについて提供する不適切な記述を訂正することができるのである。

ローティが解釈学をかくも反存在論的で唯名論的なやり方で解釈するとすれば、ヴァッティモもそこからこれに劣らず相対主義的な帰結を引出す。しかし彼はそれによって虚無主義的な存在論の思想を擁護する。

二　ヴァッティモ――解釈学的虚無主義のために

ヴァッティモはまったく積極的に解釈学の「虚無主義的《ニヒリズム》な使命」を論じる。彼においてこの説《テーゼ》は、ローティには真に見出されないあるガダマー批判を伴っている。じっさい彼の考えでは、解釈学［つまりガダマー］は、虚無主義的な存在論をそれ自身として発展させることはなかったが、密かにその方向に向かっている、というのである。このより根源的でより首尾一貫した存在論がなければ、解釈学は確かに現代思想のコイネーであり続けはしようが、それはあまりにも統合を目指し《エキュメニック》[*3]がちであって、現実的な切っ先をもたず、すべては解釈の問題であると言うだけのコイネーにとどまるであろう。(5) そうすれば解釈学の哲学上の意味は薄められてしまうのではあるまいか。この批判自体は「虚無主義」を大いに論じたハイデガーおよびニーチェの熱心な読みに由来しているが、ガダマーの場合は必ずしもそうではなかった。ここで言う虚無主義とは、存在について何かを言うことはできないという意味である。真実とはすべて解釈、伝統および言語活動に属しているからである。

ヴァッティモによれば、首尾一貫した解釈学は虚無主義的な存在論に帰着するはずである。存在とはそれ自体何ものでもなく、我々の言語活動と我々の諸々の解釈とに還元されるからである。この命題《テーゼ》はもちろん、それ自体一つの解釈にすぎないという反論にさらされる。では、命題をいかにして証明しようか。ヴァッティモの考えではそれができるのはひとえに次の場合のみである。すなわち、解釈学そのものが虚無主義の到来として解釈される存在の歴史への解答たらんと願っている、と認められることである。こうして我々は、「虚無主義」のうちに「存在（についての言説）の際限のない弱体化」を見ることになる[6]。それが我々の近・現代性の歴史を特徴づけてきたのであろうし、また解釈学の普遍的なコイネーとしての妥当性を立証するのであろう。もし首尾一貫していることを望むなら、「解釈学はある状況の、ある時代の、それゆえ必然的にある由来の可能な限り最も説得的な哲学的解釈として提示される他はない」。ある歴史およびある由来の首尾一貫した帰結として提示されることによって、解釈学は普遍性を有するとするそれ自身の自負の正しさを立証するのではあるまいか。

ガダマーの警句「理解されうる存在とは言語である」は、したがって根源的な虚無主義の意味で理解されなければならない。それはローティがそれに付与した意味に近い。この文は「理解の場を、言語活動として現れるこの種の存在と同一視するという陳腐な意味をもっているだけではない」、とヴァッティモは考える。この弱すぎる読みに対して、ヴァッティモは「根源的な存在論的な読み」を、つまり存在と言語活動との同一視のそれを提案する。それはガダマーが突きつめて考えることをしなかったと思われる命題《テーゼ》だが、彼の思想の唯一のまさしく厳密な意味での到達点ではないであろうか。(7) この見方からすれば、存在は言語活動に銜《くわ》えこまれ、そして展望もまたこれを銜えこんで締めつけるのである。この読みはたとえ「近・現代以後の《ポストモデルヌ》」様相を呈しているとしても、意味のすべてを主観性に送り返す近・現代性《モデルニテ》の精神にまったく合致している。この主観性が今や自らを歴史的であると知っているという違いを別にすれば。

ところで、ガダマーの解釈学および存在論が向かっていたのは反対の方向にであった。存在が言語活動によって銜えこまれているのではなく、我々の言語活動こそが存在によって捉えられているのである。というのも言語活動とはまず存在それ自体の「光」なのであるから。

いくつもの解釈学間の差異をもっとよく見るためには、ガダマーの近・現代以後の後継者たちであるヴァッティモおよびローティ(デリダも)にとって、ニーチェやハイデガーのような著者たちの演じ得た特別な役割に注意を払うことが有益かもしれない。彼らにとって重要なニーチェは、事実なるものは存在せず存在するのは解釈だけであると明言する人であり、彼らのハイデガー主義は、とりわけハイデガー晩年の哲学に着想を得ている。それは、我々の理解は虚無主義の到来と考えられる存在の歴史の包括的な枠組みによって端から端まで限定されていると主張する。ポストモデルヌの著者たちはこのニーチェ的およびハイデガー的な展望を、ガダマーの思想、一方では特に人文諸学に関する彼の客観主義批判に、そして他方先入観の役割ならびに我々の理解の言語活動的な性格に関するその強調とに当然のごとく結びつけた。彼らはガダマー思想のこれらの様相を目立たせることによって、解釈学は存在への合致と理解される古典的な真理の観念の拒絶へと導いてゆくと考えたのである。

けれどもこのニーチェ的な展望のために、彼らは解釈学の依然として存在論的な射程を見失った。ニーチェは、ガダマーの思想にとって実は味方ではなく、存在を思惟あるいは意志にとってそれが意味するものへと縮減する近・現代思想の唯名論を絶頂にまで導いた人なのである。言語はもはや主体の一つの道具にすぎないというのである。すべてが主体に依存するというそのような文脈においては、客観的な真実も拘束力を有する価値も存在しないことは明らかである。けれどもこの価値と真実の不在は、ガダマーの見るところでは、意味の与え手である主観性が無ければ世界には意味も秩序も無い、と考える近・現代思想の枠組みの内部にとどまる限りでしか存続し得ない。ところで、形なき世界、意味を欠くと一挙に見なされる世界を前にしているという至高の主体、まさにこの考え方をこそ我々は解釈学によって問題化することができる。こうして解釈学は、我々が存在を再発見し虚無主義を克服するのを助けてくれるのである。

結論　解釈学の普遍性の諸相

解釈学が我々の時代のコイネーを代表しているとしても、それはしばしば信じられている以上に対照的な相貌を見せている。哲学としての解釈学は、我々の世界経験の普遍的な構成因を見抜くと自負しているが、この普遍性はきわめて異なる仕方で理解され得る。それは、普遍性を表現するための最も基本的な言い回し「すべては解釈の問題である」から出発することによって示し得る。この寸言に認められ得る多様な意味は、解釈学の偉大な代表者たちに、しかしまたこの命題《テーゼ》を擁護してはいても自ら解釈学の伝統を引合いに出してはいない「無名の解釈学者たち」にも結びつけることができる。それらのどの解釈も真理観に様々な結果をもたらすことが見えてくるだろう。

一、「すべては解釈の問題である」という文句は、まずニーチェ的な意味で、つまり権力意志の遠近法主義の意味で読むことができる。それはプラトンの時代のソフィストたちが間違いなく先取りしていた思想「事実なるものは存在しない。存在するのは解釈だけだ」である。そのような文脈からすれば、事物への合致という意味での真実は本当のところ存在しない。真実とは、とニーチェが意地悪くつけ加えているように、「決定されてしまった存在者どもが、それ無しでは生きられぬ類《たぐい》の迷妄」なのである。真実と見なされているものは諸々の展望の中の一つにすぎず、それは自ら取り仕切るべく努める権力意志によって密かに教唆されているのである。

この遠近法主義理論の困難は、諸々の事実も誤謬も錯乱も確かに在るという点にある。（マルセイユではなく）パリがフランス国の首都であるというのも、水の一分子は一個の酸素原子と（三個ではなく）二個の水素原子で構成されるというのも、私は未だかつて冥王星に行ったことはないというのも、それぞれ一つの事実であって解釈ではないのである。

二、遠近法主義はもっと認識論的な意味で理解することができる。その場合にはテーゼは、先立つ図式が無ければ、解釈の「パラダイム」が無ければ（『科学革命の構造』におけるトーマス・クーンの説による）[1]、世界認識は無いということを意味する。クーンに従えば科学たるものはすべて、理解可能性と一貫性との一つの枠組みを切抜く全体的な世界表象に基づいて作動するのであって、その枠組みの内部において人は真を偽から区別することができる。けれどもこの枠組みそのものは可変的であって、一般に受容された諸々の媒介変数《パラメーター》を覆してしまう科学上の転回を免れ得ない。その時には一つのパラダイムにもう一つ別のそれが取って代ることに成功する。そこでは真実なるものは考えられるが、それは与えられたパラダイムに依存している（パラダイムそのものの真実性の問題は認識論において議論の対象となっている）。

三、命題「すべては解釈である」は、すべて解釈たるものはその時代の申し子である、というもっと遍く歴史的な意味を受取り得る。この見方は歴史主義と呼び得るものに対応している。これこそは、古典的で方法論的な解釈学（ディルタイ）が最も頻繁に抑制しようと努めていた見方であるが、近・現代以後《ポストモデルヌ》の相対主義はしばしば解放としてこれに敬意を表している。それは我々を合致としての真実という考え方から解放するかと思われる。それというのも、真実なるものはもはや一つの「有用な展望」にすぎなくなるからである。歴史主義の規制の下では真実は可能であり続けるが、ある現象をまことに解釈するとは、それをその文脈から発して理解することの謂となる。非文脈的な真理なるものは除外されると見える。

四、寸言はもっとイデオロギー的な仕方で理解され得る。その時にはこれは、あらゆる世界観が多かれ少なかれ表向きの関心によって導かれるということを意味する。そこではマルクスやフロイトを、それに諸々のイデオロギーに対する批判を、そしてリクールのいわゆる不信の巨匠たちのことを考えよう。この疑惑のおかげである種の深層の解釈学が生まれる。それは真実へのきわめて強い自負を掲げるが、終末論的ではないにしても少々観念的であり続ける。なぜならば、それは理論家の専有物にとどまっている（彼はといえば、諸々の現象の究極的な真理へと通じる要領を会得している）のみならず、彼の「対象」は、現に彼の意識を歪曲しているイデオロギーから彼が解放される時にしか十分に認識される状態にはならないだろうからである。[*1] 理論家がある社会またはある意識の現に存する状態を批判する時に先取りするのは、この観念的な真理である。

それは解釈学の遍在のきわめて今日的で当を得た形ではあるが、解釈学の伝統の主要な代表者たちは、この普遍性のもっと的を絞った考え方を擁護したのであった。

五、ハイデガーにとっては、解釈学の普遍性はわけても実存論的な意味を有している。自己自身にとって一つの問いである人間は、そもそも解釈へと運命づけられた存在者である。彼は解釈を必要とし、常にすでに諸々の解釈のただ中に生きていて、しかもそれらを解き明かすことができる。解釈学は、そのいささかアウグスティーヌス的なドラマ化によって人間の「事実性」についての一つの普遍的な哲学となり、この事実性を、それがとかく沈み込みがちの自己忘却から引出そうと目指すのである。そこでは対応としての真実は確かに保存されている。それにハイデガーは、解釈の第一の任務とは事物そのものからじかにその理解の企投を練上げることであると強調している。けれどもそれは、実存がおのれ自身を引受ける時に、実存の可能なあり方に合致するような企投を素描しうるという意味である。合致しないとか覆い隠す諸々の「悪しき」解釈は、我々を我々の終結性から遠ざけるがゆえに破壊しなければならないとすれば、それはしたがって本来性の理想という尺度にあてることによってなのである。

六、多くの他の著者たちと同様にガダマーにとって、解釈学の普遍性は殊に言語活動の意味で理解されなければならない。解釈のすべて、世界への係わりのすべては、言語活動という要因を前提とする。理解の成就も対象も必然的に言語活動であるからである。この見方にとっても対応としての真実はやり可能であるが、常に問題となるのは事物そのものの言語への合致である。それゆえ我々の解釈を、事物それ自体が語っていることに、したがって事物そのものの言語と照合することによって、その見直しは可能になる。この言い方は見かけほどには奇妙ではない。「太陽は地球の周りを回っている」という命題がもし誤りだと言い得るとすれば、それは一方の命題と、他方の現実そのものの「語っている」こと、その「明証性」とが齟齬をきたすからである。それゆえ科学上のあるいは文献学上のある考え方は、現実それ自体の言語活動、つまり事物の明証性に訴えるところのより適合する理解によって常に反駁され得る。たとえこの明証性が言語活動を通してしか現れないとしても。言語活動とはガダマーにとって、我々の精神のそれである前に、まず事物自体のそれなのである（精神はむしろそれを事物から受取るのである）。

言語活動のこの普遍性という考え方は、解釈学において擁護されている唯一のものではない。

七、最も広く普及している説《テーゼ》は、恐らくポストモデルヌの（しかもこの場合はきわめて近・現代的《モデルヌ》な）

方向へと向かう主張である。それは言語活動にむしろ「現実的なもの」の「形式化」を、すなわち我々の諸々の解釈がそれに合致していると言われ得るような現実という考えそのものを失効したとする図式化を見る(現実それ自体が我々の解釈によって「構成」されるのであるから)。このポストモデルヌの命題は、我々がこれまで区別してきた諸々の意味、すなわち遠近法主義による、認知にかかわる、歴史観に依る、イデオロギー的な、実存論の説く、そして言語活動に由来する意味を好んで引合いに出して、そのたびに現実的なものへの合致という妄想と判断されるところの思想に異議を唱えるのである。この解釈学〔七〕は、先に(一において)言及した権力意志の遠近法主義に結びつけることができる。けれどもポストモデルヌの思想は、意味というものは包括的でかつ多かれ少なかれ厳正な解釈の枠組みによって限界づけられるとする思想によってそれから区別される。その枠組みは、例えば以下様々のものに由来する。すなわち、ある時は「形而上学」の歴史に(デリダ)、ある時は一時代の全般的なエピステーメに(フーコー[*2]〔一九二六—一九八四年〕)、ある時は伝統に(ヴァッティモ)あるいは我々の文化を規定する全般的な有用性の枠組みに(ローティ)、である。ここでもまた合致は、与えられた秩序のうちにおいてでなければ存在しない。しかし、言語を超えるすべての参照を消去するおかげで解釈の複数性を許容することが新たに可能となる。この思いやりはかなり称讃に値するとしても、真理の観念の解消は、当の解釈学の考え方にとっていみじくも致命的であることが判明する。すなわち、何ゆえにこの理論は別の理論より以上に真であることになるのか。

ところで、もし解釈学が真に普遍的であるとすれば、それはまず、我々がそもそも意味という凌駕し難い要因の中で生きている存在者であるという理由による。我々は意味を理解することに努め、それゆえ必然的にそれを想定しているのである。けれどもこの意味は常に、事物それ自体の、それが言うことを欲しているところの意味であり、無論我々の諸々の貧弱な解釈および限られた地平を超える意味である。とはいえ有難いことに、その地平は我々の言語活動によって拡大し得るのである。[2]

注

原注は慣例に従ってアラビア数字で指示する。ただし＊印を付したものは訳注である。

序論

（1）J・ブリックモンとA・ソーカル『知の欺瞞』、オディル・ジャコブ社、一九九七年。

（2）F・ニーチェ『権力への意志』、四八一番。

＊1 この語の指示するのは、アレクサンドロス（紀元前三二三年没）による征服の後に、東地中海盆地およびアジア・アフリカの後背地に共通の言語として押しつけられたギリシア語である。転じてここでは、相対主義的解釈学が現代思想の基礎を成す共通の前提であるというのである。

（3）G・ヴァッティモ「新たなコイネーとしての解釈学」、『解釈の倫理学』、ラ・デクヴェルト社、一九九一年、四五―五八頁所収。

（4）アウグスティーヌス『キリスト教の教え』、アウグスティーヌス研究所、一九九七年。

［訳注］ギリシア語の«ἐξήγησις (exēgēsis)»は、古典的には①歴史的事実の提示、②説明、注釈、解釈、③翻訳などを意味する。ラテン語の«enarratio»は、①説明、注解、展開、②詳細な列挙などを意味する。上記ギリシア語は、後に中世および近世諸語において「解釈」、ことに聖書解釈について用いられてきた。

なお、最大のラテン教父による著書の主題は、標題の語《doctrina》の近代諸語（doctrine 仏英、dottorina 伊、あるいはキリシタンの「どちりいな」）における「教義」なる意味のせいで誤解を招きかねないが、行為としての教えを意味する。そのことはグロンダンの文章からも推察できよう。

第一章

＊1 ただし、音楽における演奏や演劇における演出・演技はいずれも「解釈」と呼ばれ得る。これは、楽符やテクストとしての戯曲の介在とともに、芸術哲学上の微妙な問題となる。

（1）アウグスティーヌス『文字通りの意味における「創世記」』の第一巻、デクレ社、一九七二年、八三頁。

＊2 「事物」は文字通り「もの」のみならず「こと」をも指し得る。ましてや物体的な物のみを意味するとは限らない。

第二章

（1）F・シュライエルマッハー『解釈学と批評』、M・フランク編、フランクフルト、ズーアカンプ社、一九七七年、七六頁。フランス語訳『解釈学』、M・シモン訳、ラボールとフィデス社、一〇一頁。同じくC・ベルネール訳、ル・セール社、一一四頁。

（2）『解釈学と批評』、七八頁。シモン訳、一〇二頁。ベルネール訳、一一五頁。

（3）『解釈学』、M・シモン訳、五七頁。C・ベルネール訳、二一頁。

（4）『解釈学と批評』、七五頁。シモン訳、九九頁。ベルネール訳、一一三頁。

(5)『解釈学と批評』、九二頁。シモン訳、一一一―一一二頁。ベルネール訳、一二二―一二三頁。
(6)『解釈学と批評』、八四頁。シモンによっても（一〇六頁）、ベルネールによっても（一一八頁）訳出されていない追加文。
(7)『解釈学と批評』、三二一頁。シモン訳、一八六頁。ベルネール訳、一六七頁。
(8)『解釈学と批評』、三一四頁。シモン訳、一七七頁。ベルネール訳、一五九頁。
(9)『解釈学と批評』、三三〇頁。シモン訳、一九四頁。ベルネール訳、一七四頁。
(10)F・アスト『文法、解釈学および批評の基本原理』、ランツフット、一八〇八年。
*1 厳しく読めば、引用テクストは歴史学を「精神諸科学」(sciences morales)とは別物としている。後者を「人文諸学」(sciences humaines)とするグロンダンの注記は問題をはらむのではないか。
(11)W・ディルタイ「解釈学の起源と発展」(一九〇〇年)、『精神の世界』、オビエ社刊、一九四七年、第一巻、三一三頁。
*2 無論この«signes extérieurs»はソスュール以前の慣用的意味であって、この言語学者の用語「能記」«signifiants»に対応する。
(12)同書、三三二―三三三頁。

第三章

(1)ゲオルク・ミッシュ『生の哲学に基づく論理の構築』(*Der Aufbau der Logik auf dem Boden der Philosophie des Lebens*)、アルバー社、一九九四年。

（2）M・ハイデガー「事実性の解釈学」、『全集』、第六三巻、クロシュテルマン社、一九八八年、一五頁。
（3）同書、三二頁。
＊1 原文は誤植と疑われかねない際疾《きわど》い言回しとなっている。« elle a le souci de se décharger *de cette inquiétude radicale qu'elle est pour elle-même.* »（斜字体訳者）。ここではやや冗長的に訳出する。
（4）M・ハイデガー『アリストテレスの現象学的な解釈』（一九二二年）、テール＝ルプレス社、一九九二年、一九、二三頁。
＊2 原文三二頁の « (le) on » はハイデガーの « das Man » の訳語。
（5）『存在と時間』、マルティノ訳、四七頁、ヴザン訳、六二頁（ドイツ語版、三五頁）。
＊3 これら一、二、三はすべて「前」を意味する接頭辞 « vor- » を有していることに注意。
（6）M・ハイデガー「言葉についての対談」『言葉への歩み』（一九五九年）所収、ガリマール社、一九七六年、一一八、一二〇、一二六頁。
＊4 最後の段落における « langage » の頻出は際立っているが、同時に « parole » もそれと整合する意味で二回使われている。仏訳本によればハイデガーの対談も « parole » を主題としている。二語にはここで、この著者（もしくは仏訳者）において必ずしも明確な判別はない。これは、少なくとも言語学者ソスュールの読者にとっては残念な事態であろう。

第四章

＊1 ここでは共観福音書の意味で、福音書のうち、構想・記述内容の類似しているマタイ、マルコ、ルカの三

書を言う。
(1)R・ブルトマン「解釈学の問題」(一九五〇年)、『信仰と理解』、第一巻、ル・スイユ社、一九七〇年、五九九―六二六頁。引用は六〇三頁。
(2)同書、六〇四頁。
(3)同書、六〇五頁。
(4)同書、六一八頁。

第五章

(1)H=G・ガダマー『真実と方法』、ル・スイユ社、一九九六年、一一頁。『全集』、第一巻、一頁。
*1 《humanisme》(人文主義ないし人本主義)。中世における神中心の思想に対して、ギリシア・ローマの古典を学ぶことを通して人間精神の尊厳を尊び、その育成を目指していたルネサンス期に開花した思想、運動を、ピエール・ド・ノラック(一八五九―一九三六年)をはじめとして学者たちが命名した語。日本語では「ヒューマニズム」と区別して「ユマニスム」を用いることがある。いわゆる《humanisme》(英:humanism、独:Humanismus)なる語のもう一つの意味でもある。
(2)『真実と方法』、二八七―二八八頁。『全集』、第一巻、二七一―二七二頁。
(3)同書、二九八、三二〇頁。『全集』、第一巻、二八一、三〇四頁。
(4)『真実と方法』第二版「序文」の最初の(部分的)翻訳、ル・スイユ社、一九七六年、一四頁。
(5)『真実と方法』、三一二頁。『全集』、第一巻、二九五頁。拙論「諸々の地平の融合」『哲学資料』誌、第六八号、二〇〇五年、四〇一―四一八頁所収。

＊2 十七世紀末にドイツのルター派から起こったプロテスタントの宗教運動で、個人の宗教体験を重視し、敬虔な生活と禁欲主義を説いた。

＊3 «l'homélie»（福音書講話。教会ラテン語：homilia）。キリスト教の儀式の一部で、福音書の教えが解説される。

＊4 遠近法によって風景は画家を中心として配置されるのと同様に、世界は常に特定の視点から特定の見方によってしか捉えられないとする認識上の相対主義。

（6）『真実と方法』、四七二頁。『全集』、第一巻、四五二頁。

（7）『真実と方法』、四二四頁。『全集』、第一巻、四〇五頁。

第六章

（1）E・ベッティ『解釈の一般理論の創設』、一九五四年、再版はモール・ジーベック社、一九八八年。『人文諸学の一般的な方法論としての解釈学』、モール・ジーベック社、一九八八年。

（2）H＝G・ガダマー『理解の技術、エクリＩ』、一九八二年、四九―八七頁。

（3）J・ハーバーマス「解釈学の普遍性への主張」、『社会科学の論理』、PUF社、一九八七年、二四五―二四六頁。

（4）同書、一九〇頁。

（5）同書、一八五頁。

（6）『社会科学の論理』、二一五頁。「考察の権利は、解釈学によるアプローチの自己制限を要請する。この権利は伝統の文脈をそれである限りにおいて超える参照体系を要求する」。
(7)同書、二一八頁。
(8)同書、二一五頁。
(9)『真実と方法』、三〇〇頁。『全集』、第一巻、二八四頁。
(10)H＝G・ガダマー『解釈学と哲学』、ボシェーヌ社、一九九九年、九七―九八頁。リクールはそのことを正確に理解した(『時間と物語』第三巻、ル・スイユ社、一九八五年、三二〇頁)。「伝統に関して肯定的な評価を与えるのは、まだしかし伝統を解釈学上の真理の基準とすることではない」。
(11)『真実と方法』、二八八、二九八頁。『全集』、第一巻、二七二、二八一―二八二頁。
＊1 何らかの判断を下す際に、絶対的な拠所となる一点。デカルトの『省察』の中にそれへの言及が見られる。「アルキメデスは地球全体をその場所から動かすために、確固不動の一点しか求めなかった」(「第二省察」、山田弘明訳)。
(12)「C・バルクハウゼンとの対談」、『科学と教育における言語および文学』、W・フィンク社、一九八六年、九七頁。

第七章

(1)「解釈学とイデオロギー批判」(一九七三年)、『テクストから行為へ』、ル・スイユ社、一九八六年所収。
＊1 ヨブは旧約聖書の「ヨブ記」の主要人物。神による統治との関係で悪の問題が問われる。オルフェウス教は、神話上の詩人オルフェウスに始まるとされる古代ギリシアの密儀宗教。

（2）P・リクール『熟慮してみると──知性の自伝』、エスプリ社、一九九五年、三一頁。
（3）P・リクール『諸々の解釈間の抗争』、ル・スイユ社、一九六九年、一六頁。
（4）P・リクール『承認の行程』、ストック社、二〇〇四年、一四二頁。
（5）P・リクール『テクストから行為へ』、九五頁。J・グレシュ『ポール・リクール、意味の巡回』、一四〇頁参照。
（6）『テクストから行為へ』、三九頁。
（7）この問題については拙論『現象学の解釈学への転回』、PUF社、二〇〇三年、八四─一〇二頁参照。
（8）『テクストから行為へ』、五七頁。
＊2「距離を置くこと」《distanciation》は、ブレヒトが演劇について用いた用語《Verfremdung (Effekt)》の仏訳語で、通常「異化（作用）」と訳される。「同一化」《identification》に対立する。リクールの（先に指摘された「単一性」への集約の可能性が問われかねない）多彩さ豊かさの一例である。ここでは原義を尊重する。
（9）『テクストから行為へ』、三三頁。
（10）P・リクール「テクストとは何か」、『テクストから行為へ』、一三七─一五九頁所収。
（11）『テクストから行為へ』、一一〇頁。
（12）『テクストから行為へ』、一五二頁。
（13）『テクストから行為へ』、三二頁。
（14）『熟慮してみると』、四九頁。

(15)『テクストから行為へ』、七五頁。
(16)『時間と物語』、第三巻、三一三、三二〇、三二一、三二四頁。
(17)『時間と物語』、第三巻、三一四頁。リクールはそこで、一九七三年に、解釈学とイデオロギー批判のあいだの本質的な弁証法を論じたときに彼が下していた判断に含みをもたせている。
(18)『時間と物語』、第三巻、三五六頁。
(19)『承認の行程』、ストック社、一三七―一六三頁
(20)『他者のような自己自身』、ル・スイユ社、一九九〇年、三四五頁。『承認の行程』、一三七頁。
(21)『記憶、歴史・忘却』、六三九頁。
(22)『他者のような自己自身』、二〇二頁。
(23)『承認の行程』、一九七頁。

第八章

(1)J・デリダ「人文科学の言語表現における構造と記号とゲーム」『エクリチュールと差異』、ル・スイユ社、一九六七年、四一一頁参照。
*1 著者によるソスュールの解説については、一、三の注記を行うことが適当であろう。一、まず能記と所記で成るのは「意味」ではなく「記号」である。二、ジュネーヴの学者は、「能記もしくは記号」などとは決して言わない。グロンダンは、ソスュールにもその記号論にもいささか疎く、「慣用的」語法(ソスュールのいわゆる《usage (courant)》に従っている読者のために「親切な」(?・)記載をしているのであろうか。

ちなみに本書第二章訳注2参照。三、最後に『一般言語学講義』における記号の定義においては、「事物あるいは指示対象」(la chose ou la référence) は問題にならない。そこにデリダのいわば「受難的」パラドックスは由来する。指示対象あるいは事物は、ソスュール以後(例えばヤーコブソン)の考察となる。

(2)『グラマトロジーについて』、ミニュイ社、一九六七年、二二七頁。
[訳注] タイトルは文字通りには『書記学論』を意味する。レヴィ=ストロース論とともに、二十世紀を代表するルソー論の一つであるこの著作で、デリダはルソーにおける恋愛・性・言語と文字・文学・演劇・政治などの « différance » の諸相を分析している。

(3) J・デリダ『エクリチュールと差異』、ル・スイユ社、四二七頁。

(4) 会見時に発表されたテクストは『国際哲学雑誌』、第一五一号(一九八四年)に掲載された。もっと完全な資料は、D・マイケルフェルダーとR・パーマー共編の論集『対話と脱構築。ガダマーとデリダの遭遇』、サニー出版(一九八九年)に見られる。またP・フォーゲット編のドイツ語による論集『テクストと解釈』、フィンク社(一九八四年)参照。デリダの発表したテクストは、アメリカの版とドイツの版にしか掲載されていない。

(5)『国際哲学雑誌』に掲載されたガダマーのテクストは八頁しか含んでいないのに、ドイツ語版では三二頁を数えることに注意しよう。このテクストのもっと長い版は、「テクストと解釈」というタイトルとなって、『理解の技術、エクリⅡ』、オビエ社、一九九一年、一九三―二三四頁に見られる。

(6)『国際哲学雑誌』、三三六頁。ガダマーは、後の著作、特に「破壊と脱構築」および「解釈学的脱構築」(『解釈学の哲学』、PUF社、一九九六年所収)で、ハイデガーによる破壊の、デリダが見逃したかと思われることの当初の意味にしばしば立戻ることになる。

（7）『国際哲学雑誌』、一九八四年、三三四―三三五頁。

（8）『国際哲学雑誌』、一九八四年、三三八頁。H・=G・ガダマー『解釈学回顧』、ヴラン社、二〇〇五年、一六二、一七八頁。

（9）『国際哲学雑誌』、一九八四年、三三八頁。

（10）『国際哲学雑誌』、一九八四年、三四〇頁。

（11）『国際哲学雑誌』、一九八四年、三四二頁。

＊2 この部分と直後の引用文の冒頭部において、デリダは単純過去時制を用いてガダマーの発言を歴史的事件として扱っている（原文 pp.102-103）。

＊3 原文の «différence» を、«différance» と読み替える。

（12）『解釈学回顧』、一六一―二一九頁に収められたもっと最近のテクスト「ロマン主義、解釈学および脱構築」（一九八七年）および「解釈学の跡をたどって」（一九九四年）参照。

（13）『真実と方法』、三二二頁。『全集』、第一巻、三〇五頁。『解釈学回顧』、一六七頁。

（14）「ハンス=ゲオルク・ガダマーとの対談」、一九九五年一月三日付の『ル・モンド』紙および『ヨーロッパの遺産』、リヴァージュ社、一九九六年、一四一頁参照。

（15）「言語活動の諸々の限界」についての一九八五年の評論、『解釈学の哲学』、一六九―一八四頁所収、また「ヨーロッパと人の住む地《オイクメネー》」に次の文章（二三〇頁）を読むことができる。「哲学的解釈学の至上原理とは、我々が言えたらいいのにと望んでいることを、我々は決して言いおおせないという点にある」。

＊4　Paul Celan、オーストリアの叙情詩人（一九二〇―一九七〇年）。

（16）G・ルルー、C・レヴェックおよびG・ミショー（監修）「いつかその日が来る……」、『ジャック・デリダを偲んで』、モンレアル、ア・ランポシブル社、二〇〇五年、五三―五六頁所収。*Contre-jour*（逆光）誌、第九号（二〇〇六年）、八七―九一頁に再録。

第九章

（1）R・ローティ『鏡の人間』、ル・スイユ社、一九九〇年、三四九頁。『哲学と自然の鏡』、プリンストン大学出版会、一九七九年、三一五頁。

＊1　ユマニスムについては、第五章＊1参照。ただしローティはここでいささかの屈折をもつ理解を与えている。

（2）『鏡の人間』、三九八頁。『哲学と自然の鏡』、三六二頁。

（3）R・ローティ「理解されうる存在とは言語である」、『ロンドン書籍誌』、二〇〇〇年三月十六日、二三―二五頁。

＊2　原文の«prédiction»(p.112)の代わりに«prédication»を読む。

（4）前掲箇所。

＊3　«œcuménique»は、キリスト教諸教会の共通性を探りその現実化を試みる考え方・運動。聖書の共同訳はその成果の一例である。なお語の貴重な原義に関わるガダマーの論文のタイトルの語oikoumenè（第八章の注15）参照。またサン＝テグジュペリの或る小説（一九三九年）のタイトルを思い出そう。

(5)G・ヴァッティモ「解釈学の虚無主義的な使命」、『解釈を超えて――哲学にとっての解釈学の意味』、ブーク社、一九九七年、九―二二頁。
(6)同書二一頁。
(7)G・ヴァッティモ「一個のコンマの物語。ガダマーと存在の意味」、『国際哲学雑誌』、第二一三号、二〇〇〇年、五〇二および五〇五頁。

結論

(1)一九六二年にはクーンは解釈学の伝統をまったく知らなかったが、最近の本『本質的緊張、諸科学における伝統と変化』(一九七七年)、(ガリマール社、一九九〇年)では賛同を込めてそれに言及している。
*1 原文のこの部分(p.121)« en mesure de la connaître » を « en mesure d'être connu » と読み直す。
*2 エピステーメは古典ギリシア語の単語で、文字通りには術、知、学を意味する。この語を用いてフーコーは、特定の時代の社会に特有にして共通の認識ないし知的前提を指摘した。
(2)私が私の仕事、特に『解釈学の普遍性』(一九九三年)において展開しようとささやかながら試みたのはこの解釈学である。そこでは、解釈学の対象は、汲み尽くすことのできない内的な意味という思想から発して理解されている。我々はそれを様々の外的な表現を通して解釈しようと努めるのである。また『生の意味』(モンレアル、ベラルマン社、二〇〇三年)は、我々が理解しようと試みる意味とは、まず生《せい》そのものの意味であるという思想を展開している。

訳者あとがき

0．本書は Jean GRONDIN, *L'Herméneutique* (2006), 4e édition, 9e mille, Paris : Presses Universitaires de France, collection « Que sais-je ? », 2017 の日本語訳である。

1．「読む」人間

「一着の衣服、一台の自動車、調理された料理一皿、ある身振り、一本の映画、ある楽曲、ある広告のイメージ、家具一式、新聞のある見出し、これらは一見きわめて雑多な対象である。そこにいかなる共通性が在り得るだろうか。少なくともすべて記号（signes）であるという点がある。街路をあるいは人生のなかを通りゆくとき、私はこれら全てに対して、必要なら自分では気づかずに一つの同じ行為をあてている。読み（lecture）という活動である。現代人は、都市の人間は読む（lire）ことで時間を過ごしている。まず特に図像を、身振りを、振舞いを読んでいる。この車はその所有者の社会的なステイタスを、この衣服はその着衣者がどれほど画一的であるかもしくは風変わりであるかを正確に伝える。この食前酒（ウイスキー、ペルノ酒、あるいは黒スグリ酒入り白ワイン）は、私を招待した人のライフ・スタイルを教えてくれる。書かれたテクストの場合でも、それは第一の意味の行間に第二のメッセージを読むべく与えられている。もし私が、「パウロ六世は怖れている」という大きな見出しを読むとすれば、それはまた「もし続きを読むならば、あなた（方）はその理由を知ることになる」と述べてもいるのである[1]」

その目的語として与えられる多くの範例の性質から見て、著者は事物（res）のほかに事実（factum）の例を与えることを、もし「身振り」（行動）を「事実」と規定するのでなければ、忘れているかと思われる[2]。例えば恋の口説きを含む多かれ少なかれ社交的な談話を考えよう。それに、たとえ見・聞きするのが「もの」であるとしても、そのとき人が読み取る（あるいはそう思う）のは「もの」ではなく、多少なりとも命題化され得るところの「こと」である事実も見逃してはなるまい。ところで、バルトの与える多くの範例の性質から見て、動詞《lire》はここで転義（隠喩）として機能していることが分かる。このかなり広く用いられる意味での「読み」、即ち理解ないしその努力を著者は《sémiologie》（記号論、記号学）と呼んでいる。それをグロンダンの読者なら躊躇わず「解釈」と呼ぶであろう。

バルトにおける記号論の概念は、ガダマーにおける言語（活動）と解釈との結合よりも、ある意味で――現象学者のいわゆるノエマティックな意味で――より広義の関連を含意する。というのはポール・ロワイヤルの『論理学』やソスュールから出発したバルトにとって、記号とは端的な意味での言語を内にふくむ広い外延を有するからである。けれどもそれはノエティックな意味では、同様に根源的である。というのも、広範で雑多な諸々の記号を対象とし得る読解は、本格的にはしかし言語（活動）を通じて、言語（活動）によってしか為され得ないからである。バルトのいわゆる記号論とガダマーの解釈学そして後のリクールのそれとの出会いである。

ともあれ、重要なのはバルトの指摘している事実であろう。必ずしも現代人にも都市住人にも限らず人は、常にいたるところで、彼の出会うあらゆる人、物、事との係わりにおいて、多かれ少なかれ読む――解釈する――ことで日を過ごしているという点である。日常の談話においても人は読まずにはおかない。すなわち《homo legens》もしくは《homo interpretans》を語ることができる。ところでバルトの語っていないもう一つの場面、学術の世界ではどうであろうか。

2. 解釈の時代

哲学や神学も含めて、現代の広義の人文諸科学の展開を一望して、ことに十九世紀生まれのドイツ語系の三大巨匠、マルクス、フロイト、そしてグロンダンも重要な位置を与えずには措かないニーチェ以来、――とはいえ無論パスカル（キリスト教）、ルソー（人類史における社会の生成）、コンディヤック（人間における知性の生成）もそれぞれ大解釈者であったが――、諸学の営みが極めてしばしば過去および同時代の人間および社会、そして様々の文化事象にかかわる解釈の仕事となっていることに気付く。

筆者の個人的関心の色眼鏡で見える若干の大小の事例を、とはいえ少なくとも大部分はそれぞれ、単なる主題の指摘でなければ解釈を対象とした筆者による理解の数語による要約であることに変わりはないが、これまた事例の大いなる報告者であったモンテーニュの顰に倣って挙げることをお許し願う。ここでは基本的に個人的な思想や見解、そして主張の表明を避け得ない、もしくはそれを目指すところの評論（たとえば大江健三郎のそれ）の類は、いかに興味深い作品であっても除外する。サルトルが別の文脈で用いた表現を借りていわば[3]、解釈が対象に《servir》（仕える）ことを願うのに対して、評論はこれを《se servir de》（使う）ことを意図しがちなのである。とはいえ、リクールのいわゆる「不信の解釈」の類はむしろ後者に近づくかと思われる。すなわち、

人類学にとっての他性（altérité）と異性（différence）の認識（F・アッフェルガン）、演劇の演劇

性（A・アルトー）、言うことが即ち為すことである類の発言（J・L・オースティン）、古典時代の「科学」あるいはむしろ「前科学」（似非科学）の「精神分析」（G・バシュラール）、ドストィエフスキーにおける多声（M・バフティン）、言語における人称および時制（É・バンヴェニスト）、ラシーヌ、ミシュレおよび日本（R・バルト）、第二の性としての女性観（S・ド・ボーヴワール）、笑いのメカニスムと社会的機能（H・ベルクソン）、演劇の精神現象（B・ブレヒト）、諸文化における仮面（G・ビュロー）、蟷螂の与える観念（R・カイヨワ）、フランスにおけるフランス語教育の歴史（A・シェルヴェル）、ポール・ロワイヤル『文法』および『論理学』の生成文法理論による分析（N・チョムスキー）、ルソーおよびレヴィ＝ストロース（J・デリダ）、昼的／夜的な想像力の展開と構造（G・デュラン）、印欧諸語族における三大機能——祭司、戦士、生産者——（G・デュメジル）、英・米語のフランス社会への侵入（R・エティアンブル）、フランスを中心とした古典時代の知の構造（M・フーコー）、日本語の音韻（福田恆存）、小説の方法（G・ジュネット）、十六世紀の異端審問で落命する一粉挽きの知識（C・ジンスブルク）、フランス語の冠詞（G・ギヨーム）、霊長類観の歴史（D・ハラウェイ）、文学における記述（Ph・アモン）、デカルト（E・フッサール）、ボードレールの二三の詩の文法的構成（R・ヤコブソン）、フロイト（J・ラカン）、中・南米の民話・伝説に見る火、衣服、煙草、養蜂の起源（C・レヴィ＝ストロース）、民話の精神現象学（M・リュティ)、パスカルおよび十七世紀フランス文化(J・メナール)、芸術作品の意味の多重性(E・パノフスキー)、文学にとっての修辞学(J・ポーラン)、ロシア民話の構成法(W・プロップ)、アフリカ(J・-P・レゾン)、定義(R・ロビンソン)、ボードレール、ジュネ、フロベール(J・-P・サルトル)、様々の文体(L・シュピッツア)、ルソー(J・スタロビンスキ)、十八世紀フランスの知のシステム(鷲見洋一)、クムラン文書、悪魔、地獄、救済(B・テセードル)、フランスにおける異文化・異人種観の歴史(T・トドロフ)、痙攣派ジャンセニストたちの生態(D・ヴィダル)、近・現代フランスにおける「根こ(そ)ぎ」(S・ヴェイユ)、リンカーン(G・ウィルス)、そしてむろん柳田国男の多様な論考……

重要なのは以上の大部分が端的に解釈の仕事であるという事実である。けれどもこれらは氷山の一角にすぎず、実は枚挙に暇はない。誰でも上記リストにおける重要な欠落に気付くのみならず、立ちどころにいくらでも補充すべき事例を挙げることが出来るだろう。いや、解釈ではなく、整理や分類を特徴とする著作も含まれているではないか、という異論もあろうか。しかし整理や分類を行うためには理解が、したがって解釈が前提となるのではないだろうか。なお注意すべきは、上記のうち少なからざる事例がそれ自体すでに二重三重の解釈、つまり解釈の解釈の……解釈なのである。

実際グロンダン自身、現代における「解釈の領域の確かな拡大」、さらには「解釈の支配の普遍性」を指摘している(4)。他方、右に言及してきた哲学、歴史学、文学学、心理学、演劇学、言語学、社会学、科学史、言語学、人類学、宗教思想などの人文諸科学に限らず、自然科学についても、それが必ずしも必然性に至り得ていないという批判の文脈ではあるが、シモーヌ・ヴェイユはすでに一九四二年にこう書いていた。「今日ほど解釈がなされたことはない。これほど仮説がたてられたことはない」。更により一般的な射程を有する命題を読むこともできる。「思想というものはすべて経験を解釈する努力である。だが経験はそのモデルも規則も基準も提供しない。経験には問題の所与は見出される。だがそれを解く仕方もそれを明確に表明する仕方すら見出されはしないのである(5)」

蓋し学術は今や、そして我々は同時に解釈の時代にあると言うべきであろう。

3. 解釈と解釈学

他方、古代ギリシア語に由来する（herméneutiké＜herméneúein）(6)名称（herméneutique）を有する解釈学ということが哲学の一分野として、あるいは一つの学として意識され確立されてきた。上にその多様な事例の一端を指摘した解釈はラテン語系の用語で、interprétation（＜interpretatio）と呼ばれている。本書第二つは語の姿においてはまったく異なるものの、内実は本来同じ事柄にかかわるものであった。

一章も指摘している（一七頁）ようにアリストテレースの *Peri hermeneias* はラテン語訳では *De interpretatione* である。(7)

ところで、さらに若干の範例を追加すれば、政治演説、美術から映画や演劇作品、アニメからスポーツやモード、さらには犯罪をふくむ様々の事件に至るまで、解釈という営為が広く行われている時代に、専門家であれなかれ当の解釈者たちは、とりわけ自分の解釈が対話者（のそれ）によって思いがけず異論にさらされる時、もしくは逆に途方もない誤解、曲解としか思われないまことしやかな他者の言説に出会った時――そして大なり小なりそのような二種類の事態、リクールのいわゆる「解釈の抗争」の現場に居合わせたことのない人は、まず居ない。というのも古来、諸国民の知恵が教えるように我々は、往々にして誤ることの得意な存在者《erraré humanum est》だからである――、そのような時に多かれ少なかれ理解ないし解釈という行為そのものについて考えない訳にはいかなくなる。理解とは解釈とはどういうこと（何）なのか。そもそもそれは可能なのか。そうだとすればどのようにして（方法）、何のために（目的）、あるいは何を目指して（目標）なのか。いったい私は私の理解を他者に伝え得るのか（共有の可能性）……これらの疑問が少なくとも暗黙には内によぎるのではあるまいか。

それが契機となって、解釈そのものについての考察に招かれることもあろう。じっさいグロンダンの紹介するデリダのアポリアは、この種の基本的な問いと無関係だろうかと筆者は自問している。否、二つの営みは、必ずしも事実的に一方が他方に先行するという訳ではあるまい。いずれにせよ、先に列挙した解釈者の中に、本書において「解釈学者」として紹介されその見解が検討される著者たちが、筆者にはいささか不当にも少なすぎるのではないかと思われるとはいえ、確かに登場する事実は、一つの経験的な証左となるに違いない。というのも、二通りの知性の活動は緊密に関連せざるを得ないからである。二者の関係は要するに実践と理論との関係の一つの形態に他ならない。そして実践に裏打ちされない「理論」は、そういうものがあり得たとして、空論の迷妄に他なるまいし、逆に理論的探索へと開かれない実践は、そういうものならいくらでもあろうが、考証に低迷しかねないことを人は知っている。

ポリローグであるサルトルやフーコーの例は挙げるに及ばず、かつてハイデガーはヘルダーリンを分析し、ジャン・ヴァールは詩人クローデルを模範として哲学の拡大（élargissement）の可能性を問い、近くはデリダが、ルソー、ソスュール、ヴァレリ、パウル・ツェラン、レヴィ＝ストロースらのテクストについて哲学的言説を試みてきている。これらの例にならって、解釈と解釈学とはそれぞれ自らの囲いを柔軟にし、他方への関心を共有し、相互に問いかけ合うことが適当ではないだろうか。そうして初めて解釈学は、ヂャンニ・ヴァッティモが提言したように、真に現代の「コイネー」（本書 p. 4：本訳書一〇頁）に成り得るのではあるまいか。（とはいえ、語彙の珍しさに幻惑されてはならない。その原義における地域上・時代上の限界を無視することはできまいからである）。解釈学に向けてあえて実践へのより注意深い配慮をあつらえ望むからといって、それは決してミソロギアの勧めなどではない。解釈の実践もまたバルトを介して指摘したように、つまるところはロゴスによる他ないからである。

4．ジャン・グロンダンの『解釈学』

本書の著者グロンダンの研究、経歴、業績などについては、同じ「文庫クセジュ」に収められた同著者の『ポール・リクール』の訳者杉村靖彦氏によるこの上なく懇切にして啓発的な紹介と解説の文章(8)を参照されたい。

ところで私どもは、翻訳者（interprètes）であることに徹して、本書について、翻訳者の一人である佐藤正年の発意による「文献目録補遺」の追加を例外として、一切の説明、要約、解説の類を与えることは差し控えたいと思う。というのも、もし私どもが作品紹介めいたことを提示するとしたら、それは無論一つの読みに過ぎず、それがこの書物の読者それぞれの為し得るでもあろう解釈に優るという保証はないし、ましてや著者以上に適当な、つまり優れた案内文を書く自信のない者としては、著者自らが設けている案内である本書冒頭の「序論」をお読みいただくようお勧めするよりほかは無いからである。とはいえ、そもそも本書自体解釈学の歴史および現状についての一つの解釈に過ぎないことを忘れてはなるまい。今やそれは幸いにも、その通詞である本訳書とともに、もしくは——恐るべき責任——本訳書を通じて、日本語の読者有志による解釈の試練を受けることになる。

本書の出版に関しては、白水社編集部の小川弓枝氏のさまざまの助力を戴いた。記して感謝申し上げる。

二〇一八年一月五日、訳者記す

注釈

（1）R. Barthes, « La cuisine du sens » (1964), dans *Œuvres complètes*, éd. Marty, t. 1, Seuil, 1993, p. 1450.

（2）『トラクタトゥス』（一九二一年）劈頭のヴィトゲンシュタインの有名な命題（traduction française par P. Klossowski, Gallimard, coll. « TEL », 1961, p. 29 ; english translation by D. F. Pears & B. F. McGuiness, Routledge & Kegan Paul, 1961, p. 5）参照。

（3）Sartre, *Qu'est-ce que la littérature ?*, Gallimard, 1948 , pp. 63-64.

（4）J. Grondin, *L'Herméneutique*, P.U.F., coll. « Que sais-je ? », 2017, p. 4 ; 本訳書一〇頁また三六頁も参照。

（5）S. Weil, « Réflexions à propos de la théorie des quanta » (1942), *Œuvres*, Gallimard, coll. « Quarto », éd. F. de Lussy, 1999, pp. 589-590.

（6）Platon, *Le Politique*, 260 d 参照。この語はいみじくも「通訳の技術」と訳されている（水崎博明訳『ポリティコス』、福岡、櫂歌書房、二〇一二年、六五頁）。フランス語においても「通訳」は、« interprète » あるいは « interprétation » と訳されるし (voir la traduction de A. Diès, *Œuvres Complètes*, t. IX, I (1935), Les Belles Lettres, 1970, p. 7)、そして周知のように後者は「解釈」をも意味し得る。

（7）Cf. J. Tricot, « Introduction » et la « Bibliographie » de l'*Organon*, J. Vrin, 1969, pp. vii-xii.

（8）ジャン・グロンダン著、杉村靖彦訳『ポール・リクール』、白水社「文庫クセジュ」、二〇一四年、「訳者あとがき」、一五六―一六三頁。

訳者略歴

末松壽（すえまつ・ひさし）

1939年生

九州大学大学院修士課程修了（フランス文学）

1970年、パリ大学博士（哲学）

2003年4月、九州大学名誉教授

主要著書

La Dialectique pascalienne（西南学院大学）

『パンセ』における声（九州大学出版会）

メリメの『カルメン』はどのように作られているか——脱神話のための試論（九州大学出版会）

主要訳書

川端康成『山の音』および『伊豆の踊子』の仏訳（いずれも共訳）（パリ、A.ミシェル社）

アンドレ・マソン『寓意の図像学』（白水社、文庫クセジュ606番）

ロベール・エスカルピ『文字とコミュニケーション』（白水社、文庫クセジュ、690番）

ヴィクトール・セガレン『記憶なき人々』（国書刊行会）

R・ブリュネ監修『西部・中部アフリカ』（野澤秀樹との共編訳）（朝倉書店）

R・ブリュネ監修『東部・南部アフリカ』（野澤秀樹との共編訳）（朝倉書店）

佐藤正年（さとう・まさとし）

1948年生

広島大学大学院博士課程中退（フランス文学）

熊本学園大学教授を経て同大学客員教授

主要論文

「フオルトゥーナ神話の影」「エミール・ゾラにおける動物性の美学」など

主要訳書

アンリ・ミットラン『ゾラと自然主義』（白水社、文庫クセジュ817番）

エミール・ゾラ『文学論集』（編訳）（藤原書店）

J.＝M.アダン『物語論』（白水社、文庫クセジュ873番）（末松壽との共訳）

参考文献

［ドイツ語での著書の場合、邦訳書はフランス語訳からの重訳ではないこともある］

Augustin, *La doctrine chrétienne*, Paris, Institut d'études augustiniennes, 1997. アウグスティーヌス『キリスト教の教え』、『アウグスティヌス著作集』第6巻、加藤武訳、教文館、1988年。

Bultmann R., Le problème de l'herméneutique (1950), dans *Foi et compréhension*, Paris, Le Seuil, 1970, 599-626. R・ブルトマン「解釈学の問題」（1950年）、『信仰と理解』、パリ、ル・スイユ社、1970年、599-626頁所収。R・ブルトマン「解釈学の問題」、鳥羽和雄訳、N.H.ポーチャス「旧聖書神学」、浅見定雄訳、東京神学大学、聖書神学研究室Ⅳ、1955年、1-53頁所収、非売品。

Derrida J., *L'écriture et la différence*, Paris, Le Seuil, 1967. J・デリダ『エクリチュールと差異』（上下巻）、若桑毅、野村英夫、阪上脩、川久保輝興、梶谷温子、三好郁郎訳、法政大学出版局、1977-1983年。

——Questions à Gadamer, dans *Revue internationale de philosophie*, no 151, Bruxelles, (1984), 341-343. 「ガダマーへの質問」、『国際哲学雑誌』、第151号、ブリュッセル、（1984年）、341-343頁所収。

——*Béliers*, Paris, Galilée, 2003. 『雄羊』、林好雄訳、筑摩書房、2006年。

Dilthey W., Origines et développement de l'herméneutique (1900), dans *Le monde de l'esprit*, Paris, Aubier, 1947, t. I, 313-340. W・ディルタイ「解釈学の起源と発展」（1900年）、『精神の世界』、パリ、オビエ社、1947年、第1巻、313-340頁所収。

——*L'édification du monde historique dans les sciences de l'esprit*, Paris, Le Cerf, 1988. 『精神科学における歴史的世界の構成』、尾形良助訳、以文社、1981年。

Gadamer H.-G., *Vérité et méthode* (1960), tr. partielle : Paris, Le Seuil, 1976 ; intégrale : Paris, Le Seuil, 1996. H.-G・ガダマー『真理と方法―哲学的解釈学の要綱』（全3巻）、轡田収、巻田悦郎他訳、法政大学出版局、1986-2012年。

——*L'art de comprendre. Écrits I*, Paris, Aubier, 1982. 『理解の技術、エクリ

I』、パリ、オビエ社、1982年; Écrits II, Paris, Aubier, 1991. 『エクリII』、パリ、オビエ社、1991年。

——*Langage et vérité*, Paris, Gallimard, 1995. 『言語活動と真実』、パリ、ガリマール社、1995年。

——*La philosophie herméneutique*, Paris, PUF, 1996. 『解釈学の哲学』、パリ、PUF社、1996年)。

——*Herméneutique et philosophie*, Paris, Beauchesne, 1999. 『解釈学と哲学』、パリ、ボシェーヌ社、1999年。

——*Les chemins de Heidegger* (1983), Paris, Vrin, 2002. 『ハイデガーのいくつかの道』、パリ、ヴラン社、2002年。

——*Esquisses herméneutiques* (2000), Paris, Vrin, 2004. 『解釈学素描』(2000年)、パリ、ヴラン社、2004年。

——*L'herméneutique en rétrospective* (1995), Paris, Vrin, 2005. 『解釈学回顧(1995年)、パリ、ヴラン社、2005年。

Greisch J., *Herméneutique et grammatologie*, Paris, Éd. du CNRS, 1977. J・グレシュ『解釈学と書記学』、パリ、CNRS、1977年。

——*Paul Ricœur. L'itinérance du sens*, Grenoble, Millon, 2001. 『ポール・リクール、意味の巡回』、グルノーブル、ミヨン社、2001年。

——*Le cogito herméneutique*, Paris, Vrin, 2003. 『解釈学のコギト』、パリ、ヴラン社、2003年。

Grondin J., *L'universalité de l'herméneutique*, Paris, PUF, 1993. J・グロンダン『解釈学の普遍性』、パリ、PUF社、1993年。

——*L'horizon herméneutique de la pensée contemporaine*, Paris, Vrin, 1993. 『現代思想の解釈学的な地平』、パリ、ヴラン社、1993年。

——*Introduction à Hans-Georg Gadamer*, Paris, Le Cerf, 1999. 『ハンス=ゲオルク・ガダマー入門』、パリ、ル・セール社、1999年。

——*Le tournant herméneutique de la phénoménologie*, Paris, PUF, 2003. 『現象学の解釈学的曲折』、パリ、PUF社、2003年。

——*Du sens de la vie*, Monréal, Bellarmin, 2003. 『生の意味』、モンレアル、ベラルマン社、2003年。

Habermas J., L'approche herméneutique, *La logique des sciences sociales* (1967), Paris, PUF, 1987, 184-215. J・ハーバーマス「解釈学的アプローチ」、『社会科学の論理によせて』、清水多吉、木前利秋、波平恒男、西阪仰

訳、国文社、1991年、184-215頁所収。

Heideggar M., *Être et temps* (1927), Paris, Gallimard, 1986 ; Paris, Authentica, 1985.　M・ハイデッガー『存在と時間』(上下巻)、細谷貞雄訳、筑摩書房、1994年。

—— *Acheminement vers la parole* (1959), Paris, Gallimard, 1976.『言葉への途上』、『ハイデッガー全集』第12巻、亀山健吉、ヘルムート・グロス訳、創文社、1996年。

Ricœur P., *Philosophie de la volonté*. t. II : *Finitude et culpabilité*, Paris, Aubier, 1960.　P・リクール『人間この過ちやすきもの——有限性と有罪性』、久重忠夫訳、以文社、1978年。

—— *De l'interprétation. Essai sur Freud*, Paris, Le Seuil, 1965.『フロイトを読む——解釈学試論』、久米博訳、新曜社、1982年。

—— *Le conflit des interprétations*, Paris, Le Seuil, 1969.『諸々の解釈間の抗争』、パリ、ル・スイユ社、1969年。

—— *La métaphore vive*, Paris, Le Seuil, 1975.『生きた隠喩』、久米博訳、岩波書店、2006年。

—— *Temps et récit*, 3 t., Paris, Le Seuil, 1982-1985.『時間と物語』全3巻、久米博訳、新曜社、1990年。

—— *Du texte à l'action*, Paris, Le Seuil, 1986.『テクストから行為へ』、パリ、ル・スイユ社、1986年。

—— *Soi-même comme un autre*, Paris, Le Seuil, 1990.『他者のような自己自身』、久米博訳、法政大学出版局、2010年。

—— *Réflexion faite. Autobiographie intellectuelle*, Paris, Esprit, 1995.『熟慮してみると——知性の自伝』、パリ、エスプリ社、1995年。

—— *La mémoire, l'histoire, l'oubli*, Paris, Le Seuil, 2000.『記憶・歴史・忘却』(上下巻)、久米博訳、新曜社、2004-2005年。

—— *Parcours de la reconnaissance*, Paris, Stock, 2004.『承認の行程』、川崎惣一訳、法政大学出版局、2006年。

Rorty R., *Philosophy and the Mirror of Nature*, Princeton University Press, 1979, trad. fr. *L'homme spéculaire*, Paris, Le Seuil, 1990.　R.ローティ『哲学と自然の鏡』、野家啓一監訳、伊藤春樹、須藤訓任、野家伸也、柴田正良訳、産業図書、1993年。

—— Being that can be understood is language, *London Review of Books*, 16 mars

2000, 23-25. 「理解されうる存在とは言語活動である」、『ロンドン書評誌』、第22巻6号、2000年3月16日、23-25頁所収。

Schleiermacher F., *Herméneutique*, Genève, Labor & Fides, 1988 ; Paris, Le Cerf, 1989. F・シュライエルマッハー『解釈学の構想』、久野昭、天野雅郎訳、以文社、1984年。

Vattimo G., *La fin de la modernité : nihilisme et herméneutique dans la culture post-moderne*, Paris, Le Seuil, 1987. G・ヴァッティモ『近・現代性の終焉――ポストモデルヌ文化におけるニヒリズムと解釈学』、パリ、ル・スイユ社、1987年。

――Éthique de l'interprétation, Paris, La Découverte, 1991. 『解釈の倫理学』、パリ、ラ・デクヴェルト社、1991年。

――*Au-delà de l'interprétation. La signification de l'herméneutique pour la philosophie*, Bruxelles, Éd. de Boeck, 1997. 『解釈を超えて――哲学にとっての解釈学の意味』、ブリュッセル、ブーク社、1997年。

Zarader M., *Lire* Vérité et méthode *de Gadamer*, Paris, Vrin, 2016. M. ザラデール『ガダマーの『真理と方法』を読む』、ヴラン社、2016年。

参考文献補遺

著者が脚注や場合によっては本文で言及しながら「参考文献」に掲げていないものを、調べのつく限り出現の順に挙げる。何らかの参考になれば幸いである。

J. Bricmont et A. Sokal, *Impostures intellectuelles*, Paris, Odile Jacob, 1997. J・ブリックモン、A・ソーカル『「知」の欺瞞——ポストモダン思想における科学の濫用』、田崎晴明、大野克嗣、堀茂樹訳、岩波書店、2000年。

F. Nietzsche, *La volonté de puissance*, No 481. 『権力への意志——すべての価値の価値転換の試み』481番、『ニーチェ全集』第12巻、原佑訳、理想社、1962年。

Augustin, *La genèse au sens littéral*, t. I, Paris, Desclée, 1972. アウグスティーヌス『文字通りの意味における「創世記」』の第1巻、パリ、デクレ社、1972年。

F. Schleiermacher, *Hermeneutik und Kritik,* éd., M. Frank, Frankfurt, Suhrkamp, 1977. F・シュライエルマッハー『解釈学と批評』、M・フランク編、フランクフルト、ズーアカンプ社、1977年。

F. Ast, *Les principes fondamentaux de la grammaire, de l'herméneutique et de la critique*, Landshut, Jos Thomann, 1808. F・アスト『文法、解釈学および批評の基本原理』、ランツフット、ヨス・トマン社、1808年。

G. Misch, *Der Aufbau der Logik auf dem Boden der Philosophie des Lebens*, Freiburg / Münhen, Alber, 1994. G・ミッシュ『生の哲学に基づく論理の構築』、フライブルク/ミュンヘン、アルバー社、1994年。

M. Heidegger, *Herméneutique de la facticité. Œuvres complètes*, t. 63, Frankfurt, Klostermann, 1988. M・ハイデッガー『オントロギー（事実性の解釈学）』、『ハイデッガー全集』、第63巻、篠憲二、エルマー・ヴァインマイアー、エベリン・ラフナー訳、創文社、1992 年。

—— *Interprétations phénoménologiques d'Aristote* (1922), Mauvezin, TER-Repress, 1992. 『アリストテレスの現象学的解釈——現象学的研究入門』、『ハイデッガー全集』、第61巻、門脇俊介、コンラート・バルドゥリアン訳、創文社、2009 年。

J. Grondin, « La fusion des horizons », Paris, *Archives de philosophie*, 68, 2005. 「諸々の地平の融合」、『哲学文書誌』、パリ、第68号、2005年。

E. Betti, *Zur Grundlegung einer allgemeinen Auslegungslehre*, 1954, rééd. Tübingen, Mohr Siebeck, 1988. E・ベッティ『解釈の一般理論の創設』、1954年、再版はテュービンゲン、モール・ジーベック社、1988年。

——*Die Hermeneutik als allgemeine Methodik der Geisteswissenschaften*, Tübingen, Mohr Siebeck, 1988. 『人文諸学の一般方法論としての解釈学』、テュービンゲン、モール・ジーベック社、1988年。

H.-G. Gadamer, Entretien avec C. Barkhausen, dans *Sprache und Literatur in Wissenschaft und Unterricht*, München, W. Fink, 1986. 「C・バルクハウゼンとの対談」、『科学と教育における言語および文学』, ミュンヘン、W・フィンク社、1986年所収。

Derrida J., *De la grammatologie*, Paris, Minuit, 1967. J・デリダ『根源の彼方に——グラマトロジーについて』。(上下巻)、足立和浩訳、現代思潮社、1972年。

D. Michelfelder et R. Palmer éd., *Dialogue and Deconstruction. The Gadamer-Derrida Encounter*, Albany, Suny Press, 1989. D・マイケルフェルダー、R・パーマー共編『対話と脱構築。ガダマーとデリダの出会い』、オールバニ、サニー出版、1989年。

P. Forget, *Text und Interpretation*, München, Fink, 1984. P・フォーゲット編『テクストと解釈』、轡田収、三島憲一他訳、産業図書、1990年。

Un entretien avec Hans-georg Gadamer, Paris, *Le Monde* du 3 janvier 1995. 「ハンス=ゲオルク・ガダマーとの対談」、パリ、1995年1月3付の『ル・モンド』紙。

G. Leroux, C. Lévesque et G. Michaud (dir.). « Il y aura ce *jour...* ». *À la mémoire de Jacques Derrida*, Montréal : À l'impossible, 2005. G・ルルー、C・レヴェックおよびG・ミショー共編「いつかその日が来る……」、『ジャック・デリダを偲んで』、モンレアル、ア・ランポシブル社、2005年所収。再録：*Contre-jour*, Montréal, 9, 2006. 『逆光』誌、モンレアル、第9号、2006年。

G. Vattimo, Histoire d'une virgule. Gadamer et le sens de l'être, Bruxelles, *Revue internationale de philosophie*, No 213 (2000). G・ヴァッティモ「一個のコンマの物語——ガダマーと存在の意味」、ブリュッセル、『国際哲

学雑誌』、第213号（2000年）所収。

T. Kuhn, *La Structure des révolutions* scientifiques (1962), tr. par L. Meyer, Paris, Flammarion, 1983.　T・クーン『科学革命の構造』、中山茂訳、みすず書房、1971年。

——*La tension essentielle : tradition et changement dans les sciences* (1977), Paris, Gallimard, 1990. 『本質的緊張——科学における伝統と革新』（全2巻）、安孫子誠也、佐野正博訳、みすず書房、1987-1992年。

本書は、2018年刊行の『解釈学』第1刷をもとに、オンデマンド印刷・製本で製作されています。

文庫クセジュ　Q 1021
解釈学

2018年7月20日　第1刷発行
2025年5月25日　第4刷発行
著　者　ジャン・グロンダン
訳　者 © 末松壽
佐藤正年
発行者　岩堀雅己
印刷・製本　株式会社DNP出版プロダクツ
発行所　株式会社白水社
東京都千代田区神田小川町 3 の 24
電話　営業部　03（3291）7811 / 編集部　03（3291）7821
振替　00190-5-33228
郵便番号　101-0052
www.hakusuisha.co.jp

乱丁・落丁本は，送料小社負担にてお取り替えいたします．
ISBN978-4-560-51021-6
Printed in Japan